近代中日關係史料彙編

九一八事變的發生與中國的反應

Historical Documents on Modern Sino-Japanese Relations

The Mukden Incident and China's Response

近代中日關係史料彙編
總序

呂芳上

民國歷史文化學社社長

一

日本是中國的近鄰，也是強鄰，中日之間一衣帶水，本應唇齒相依，共營孫中山的大亞洲主義，互助互榮；也大可以在一念之間，分出蔣介石所規勸的敵乎友乎，和睦共處，以臻東亞大同境界。但日本國力強大之後，不此之圖，選擇走向侵略、走向戰爭，對鄰邦由蠶食而鯨吞，結果釀成的是你傷我殘的悲劇。

中日關係的發展，遠的不提，辛亥革命時，日本原有干涉意圖不果，改採兩面外交，著重者在滿洲特殊權益。1914 年一戰爆發，次年日方即向袁政府提出二十一條要求，嚴重妨礙中日正常外交的推進。二十一條交涉甫告段落，日本又為洪憲帝制，蛇鼠兩端，迫得袁世凱含恨以終。其後復對北洋政府在參戰、借款問題及和會、山東問題上，施其詭譎伎倆，導致五四運動的發生。1921 年的華盛頓會議，九國公約中，日本雖在特殊利益上，沒獲多大斬獲，但日本遍及東北、華北的軍事部署，其有恃無恐、肆意在華擴張的野心，已相當明顯。

1926 年，在南方的國民革命軍，揮師北指，很快的統一中國，這不是對中國抱持野心的日本所樂見的事，於是中日關係走入新的階段。

二

1920 年代初期，在南方的國民黨勢力崛起，1926 年國民政府開府廣州，接著北伐，1927 年定都南京，於是中國對內、對外新局面形成。1927 至1952 年間，自北伐後中日談判重訂關稅、出兵山東開始，中經九一八、上海事件、華北事變、蘆溝橋事變，以迄戰爭結束、簽訂和約，具見日本以強國步步進逼，盛氣凌人，中國則以弱勢對應，先是退讓、容忍，終以干戈相見，最後日本以敗戰自食惡果。

1961 年，逢中華民國建國五十年，民間各界特別組成「中華民國開國五十年文獻編纂委員會」，負責出版各類叢書，其中之一是1964 年至1966 年以「中華民國外交問題研究會」為名編印之《中日外交史料叢編》一套九種。這套《叢編》基本上以國民政府外交檔案為主，北京政府外交檔案為輔編成。雖不能對兩國從文爭到武鬥的材料，作鉅細靡遺的羅列，但對兩國關係的重大起伏，實已提供學界深入研究的基礎史料。本社鑒於這套《叢編》對近代中日關係具有很高的史料價值，除聘請學者專家新編「華北事變」資料專輯附入外，特別以《中日外交史料叢編》九種為基礎，重新增刪並編輯匯成《近代中日關係史料彙編》

（以下簡稱《彙編》），以方便學界利用。

三

這套《彙編》，共含十五個主題概分為十七冊，包含約四千種文獻、三百萬字：一、《一九三〇年代的華北特殊化》本社最新輯編本，分三冊，由黃自進、陳佑慎、蘇聖雄主編，除利用外交部檔案外，並加入國史館庋藏之蔣中正總統文物相關史料。主要內容，包括長城戰役與塘沽協定（1933）、通航、通車、通郵交涉（1934）、華北特殊化與華北自治運動（1933-1935）、河北事件與南京政府退出華北（1935）、宋哲元與冀察政權（1935）、中日國交調整（1933-1935）、全面戰爭的前奏（1936）等，這三本資料集希望以豐富史料，重新探索1930年代中日、內外各方勢力競逐下的華北問題。二、《國民政府北伐後中日外交關係》19世紀中葉以後，西方勢力進入中國，因國力懸殊，中國頓成列強瓜分角逐場所，不平等條約既是帝國主義勢力的依憑，也是中國近代民族主義油然而生的根由。廢除不平等條約既是國民革命目標，北伐後爭取國際地位平等是國民政府外交努力的方向，也是中國與列強爭執的焦點。這本資料集可以看出中日雙方為長期的、偶發的政策或事件，形成外交角力的過程。主要內容有：國民政府定都南京後外交政策宣言（1927）、日本退還庚款及運用交涉（1929-1931）、中日重訂關稅協定（1926-1935）

及萬寶山事件與中村事件（1931-1932）。三、《國民政府北伐後中日直接衝突》北伐進行過程中，發生若干涉外事件，本冊所輯南京事件（1927-1934）、漢口事件（1927-1931）、日本第一、二次出兵山東（1927-1929）均與日本有關。四、《九一八事變的發生與中國的反應》侵略滿蒙，進而兼併中國，是日本大陸政策的目標，甲午戰爭、日俄戰爭均是向外擴張的北進政策，1931 年的瀋陽事變是日本北進的高峰，更是二次大戰前奏。當時政府為應付嚴重變局，特在中央政治會議內成立「特種外交委員會」，自 1931 年9 月至12 月，共召開五十九次會議，本冊收錄了這一重要會議的會議紀錄。五、《九一八事變後日本對華的破壞與侵逼》九一八事變之後，日本侵華腳步未曾停止，所謂「得寸進尺」差可形容，本冊所輯資料，重在日軍繼續挑釁（1932-1933）、日軍暴行與中國損失（1931-1933）、日本在東北破壞中國行政權完整（1932）。六、《日軍侵犯上海與進攻華北》1932 年，日本藉口上海排斥日貨，嗾使日本浪人及海軍陸戰隊滋事，毆人縱火、殺死華警。上海市府提出抗議，日領反稱日本和尚五人被毆，提出反抗議，要求中方道歉、賠償、懲兇、制止反日行動。1 月28 日，日方迫令中國軍隊退出閘北，隨即向中方開火，是為淞滬戰役。歷時月餘，5 月初始成立停戰協定。事實上，九一八事變後，日軍節節進迫，進攻熱河，侵擾察冀，無底於止；中方則忍辱負重，地方飽受戰火蹂躪，中央遭受輿論撻伐，中日關係瀕臨破裂。本資料集收錄日軍侵犯上海之一二八事變（1932）、進犯熱河（1932-1935）、侵擾察冀及河北事件致有「塘沽協定」，及所謂「何梅協定」（1933-1935）等文件的簽訂。七、《蘆溝橋事變前後的中日外交關係》廣義的第二次中日戰爭，始於1931 年九一八事變，止於1945 年日本投降。十四年間又可分為兩階段：九一八至七七（1931-1937）中國是屬備戰、局部抵抗時期，日方是侵犯、挑釁期；七七之後中國是全面抗戰，日方則陷入戰爭泥沼期。前六年中日關係有戰有和，中方出於容忍、訴諸國際調停者多，後八年中方前四年獨立作戰，後四年與盟國協同作戰，對內對外，對敵對友的諸多交涉，交件中充分顯示戰前與戰爭外交的複雜面貌。本冊主要內容包含：（一）七七事變前的中日交涉（1934-1937），涉及廣田三原則、共同防共及滿洲國承認問題。（二）事變前日方的挑釁（1934-1936），又包括藏本事件、香河事件、成都事件、日人間諜行為等。（三）從七七到八一三（1937-1938），指的是全面抗戰爆發前後的中日衝突，例如蘆溝橋事變的發生、交涉、日本中國撤僑、八一三虹橋事件及戰事發展等。八、《蘆溝橋事變後中國向國際的申訴》七七事變後中日軍事衝突加劇，但鑒於雙方勢力懸殊，中國仍寄望透過國際干涉以制止日本侵華野心。本冊文件集中在中國向國聯控訴日本侵略（1937）。內容包括是年9 月13 日中國向國聯提出對日控訴始末。其間涉及國際間聲援、九國公約會議種種相關資料。九、《滿洲國的成立與國聯對日本侵華的處理》1931 年九一八事變後，因國聯不能有效制裁日本的侵略行動，日本乃放膽實施侵吞中國計畫，一方取速戰速決之策，以亡中國；一方為掩人耳目，實行以華制華之計，製造傀儡組織。1932 年滿洲國之成立到1938 年扶植汪偽，均此之圖。本集主要內容有偽滿洲國的成立經過（1932-1935）；中國控訴、國聯之處理（1931-1933）。十、《偽組織的建立與各國態度》本冊文件集中在華北自治問題（1935-1937）及南京偽政權（1938-1943）之醞釀與成立。十一、《抗戰時期封鎖與禁運事件》戰爭發生後，可注意的事有三，一是受戰爭影響的敵境及海外華人權益維護問題、敵僑處理及外僑保護，二是敵人對鄰近地區的禁運、控制，三是盟國以自身利益出發的措施如何影響中國。大抵言之，國民政府與同盟國結盟，提升了國際地位，也保障戰後國際角色的演出。不過，同盟關係也有摩擦和困擾，例如美國中立法案（1939-1941）、英國封鎖緬甸運輸通路（1940）對中國造成的損害。本集資料內容即包括：一、戰時中國政府的護僑、護產措施；二、日本對東南亞的控制，如越南禁運、封鎖緬甸、控制泰國；三、美國中立法案、禁運法案及與日使野村談判；四、1940 到1945 年間日蘇關係的轉變等。十二、《日本投降與中蘇交涉》1945 年8 月14 日，日本投降，上距七七有八年，距九一八為時十四年，距甲午之戰五十一年，「舉凡五十年間日本所鯨吞蠶食於我國家者，至是悉備圖籍獻還。全勝之局，秦漢以來所未也」。中國戰勝意義自是重大，但蔣中正委員長在當天廣播中，則不無憂慮的指出:「抗戰是勝利了，但是還不能算是最後的勝利。」顯然國共關係惡化、戰犯處置之外，東北接收與中蘇交涉等棘手問題，均將一一出現。本集資料重在日本投降經過，接收東北、接收旅大與中蘇交涉，張莘夫被害案（1945-1947）。十三、《戰爭賠償與戰犯處理》包含1943 年同盟國準備成立戰爭罪行調查會至1948 年中國戰犯處理委會工作報告相關文件。十四、《金山和約與中日和約的關係》交戰雙方和約簽訂，戰爭才算結束。中華民國對日和約，遲至1952 年日降後六年又八個月才在臺北簽字，原因涉及戰後中國變局。1945 年日本敗降，1949 年12 月，中國共產黨勢力席捲大陸，中華民國政府退守臺灣，這時蘇聯在東亞勢力擴張，國際局勢鉅變，戰勝的中、美、英、蘇、法五強，對東亞新秩序的建立，有複雜考量，同盟52 國在舊金山召開對日和會，直到1951 年9 月8 日，才有蘇、波、捷之外的49 國參與簽訂的金山和約。當時中華民國未獲邀參加，次年（1952）4 月28 月在臺北正式簽訂中華民國對日和約，結束了中華民國與日本的戰爭狀態。由於戰後美國在東亞扮演舉足輕重的角色，因此也可看到中、美、日三方外交穿梭的足跡。本集資料主要有一、中國對金山和約立場表示（1950-1952）與金山和約的簽訂；二、中日雙邊和約前的籌議，包括美方意向、實施範圍、中日雙邊交涉及名稱問題的討論。十五、《中華民國對日和約》二戰結束後，冷戰接踵而來，1949 年後中國形成一國兩府的分裂局面，蘇、英、美對誰能代表中國與日本簽訂和約有分歧看法，1950 年韓戰爆發，英、美獲得妥協，同盟國對日舊金山和會不邀中國參加，在美方折衝下，日本決定與中華民國政府商訂雙邊條約。1952 年2 月，日代表河田烈與中華民國外交部長葉公超在臺北磋商，最後雙方簽訂「中華民國與日本國間和平條約」，雙方互換大使，直到1972 年9 月，遷移臺灣的中華民國政府與日本維持了約二十年的正式外交關係。這本資料集彙聚雙邊和會的一次籌備會、十八次非正式會議及三次正式會議紀錄，完整呈現整個會議自籌備至締約的過程，史料價值極高。

四

如果說抗日戰爭是八年，那麼九一八後的六年是中國忍氣吞聲、一再退讓的隱忍時期，七七事變應是中國人吃盡苦頭、退無可退的情況下，為求生存而奮起的開端，此後的九十七個月，在烽火下的中國百姓，過的何止漫漫長夜。八年中前五十三個月，中國孤軍奮鬥，後四年才有盟軍並肩作戰，其間大小戰鬥無數，國軍確實是勝少敗多，即使勝利前多，說國命堪危也不為過。這次戰爭，日本固然掉入難以自拔的泥潭，中華民國政府也在獲得遍體鱗傷的「皮洛式勝利」（Pyrrhic Victory）後，隨即江山易色，勝利者反變成另一場戰爭的失敗者，其後政局的演變，似乎不容易給史家，從容寫出恰如其份的抗戰史來。

1970 到1990 年代，中研院近史所曾利用庫藏外交部檔案，出版過民國時期「中日關係史料」十五種二十一冊，選題時間範圍只限於北京政府時期（1912-1928）。本社出版這套《彙編》，正好延續了其後國民政府的時段。這個時段提供了局面更為複雜的交涉、戰鼓不斷、煙硝不熄的中日關係發展史料。

有了新史料，就會有新議題，就可期待史家新研究成果的出現。我們出版史料的初衷是如此。

編輯凡例

一、本書原件為俗體字、異體字者，改為正體字；無法識別者，則以□符號表示；挪抬及平抬一律從略。

二、本書排版格式採用橫排，惟原文中提及如左、如右等文字皆不予更改。

三、以上若有未盡之處，敬祈方家指正。

目錄

第一章

日本對東北之軍事侵略行動

第一節　東三省事變前日本之軍事部署

一　軍事侵略的事前部署

東北外交研究所委員會報告

民國廿年五月四日

1、 日本自日俄戰後對東北侵略之野心，與日俱增，於軍事準備，尤盡陰謀之能事。工商事業如水陸交通之大者，專以軍事為目的，固為世人所盡知。即其工廠以至大小商店之設備，大半亦以軍事設備為第一要義，非以事業之發達為主眼，甚至由日政府轉令滿鐵公司按月補助經費以維持之，如奉天鐵路附屬地之工廠房舍，其建築均屬堡壘式；東北各城鎮各城門，必有日商店，所營業務多無利可圖；主其事者均屬在鄉軍人，其內容或存貯武器，或為通信機關，如此種種，不勝枚舉。

2、 日本在我國與朝鮮接近之境地，設立各項有關軍事之設備，茲不計外，而南滿、安奉本支各線及天圖路等，實為其軍事佈置之基線，以沿線之各大城市為其策源地。其現役陸空軍在鄉軍人守備隊憲兵等組織及駐在地等，均詳於另附之圖冊。

3、 在前項圖冊中所未詳者補述數事：

A. 於一九三〇年旅大地區軍事倉庫廠所等，均有所擴充。

B. 沿日人所佔鐵路線，如南滿線之各大站，以建設商用之倉庫為名，實作駐軍營房之準備。各鐵路橋樑所在地，以建設哨所為名，構築堡壘式之防禦工事（每站均築有砲臺一座）。

C. 在大連警察本署內編組特務警察隊（便衣警察）八隊，直受其長官或關東廳警務課之指揮，以作間諜。

D. 由其所設關東軍司令部之特務機關，派日人在各主要城鎮開設小本營業，以掩人耳目，其實均為日人間諜。

二 事變前日軍在東北之軍事形勢

東北外交研究委員會報告

民國二十一年五月四日

（1）日本國內對東北實行軍事準備之發動

A. 日本軍部不滿意其政府之軍縮政策，遂欲以任何口實煽動其國民以顯軍部之重要，乃藉口滿蒙懸案之解決，必須以武力行之。因此，自一九三一年三月以降，日日鼓吹。

B. 去年六月日本陸軍雜誌出版之偕行社頒發秘冊，題為「滿蒙懸案與吾等軍人之覺悟」，內容力主以武力侵略東北。凡係軍官均各分一冊。

C. 八月四日陸相南次郎，竟於東京召集全國師團長及各軍司令官宣講，欲解決滿蒙懸案，非下最後決心不可，望各努力準備云云。當時日軍各新聞均有詳細記載。

D. 八月十七日宣佈中村事件，極力挑撥軍人民眾仇華之心理。

E. 八月三十一日在鄉軍人會軍官三百餘人，開會於奈良，一致議決強硬反對軍縮。主張用武力解決滿蒙懸案。

F. 陸相於東京陸軍戶山學校，召集在東京附近將官五百餘人，訓以擴張國防，及宣傳以武力解決滿蒙問題。

查類似上述之行為，不僅以上六項。然即此可證明九一八事變，為日軍閥之造成，且為預定之計劃。事變責任之誰屬，亦可明矣。至滿蒙懸案多為日人之違約違法之案而未決者，中村事件乃為其陰謀之一。

（2）日本政府對東北軍事上之策劃：

報知新聞揭載「九月八日午前定例閣議南陸相對中村案，除將軍部搜集之情報報告外，並云我方除講求武力報復手段外，別無他策。」且九月八日曾記載南陸相自大阪歸京，於東京驛發表談話云：「對中村事件我已抱定最後之意見，要之，祇視眾意如何耳。如眾意所向，雖至如何地步，我已有所準備。」東京朝日新聞九月十二日記載，題為「報復手段協議」。土肥原特務機關長十一日午前十時半，在陸軍省內次官室與二宮參謀次長、杉山次官、水田軍事課長會見，由土肥原詳細報告中村事件，並陳述報復方策；後擬議二小時，審議具體的報復方法。午後一時散會。同日夕刻，土肥原大佐復與金谷參謀總長會見，陳述具體報復方法，備總長之諮詢。陸軍中央部呈緊張狀態矣。

同日又載，題為「強硬意見已一致」，外務省栗原文書、三谷人事、佐久間電信課長、陸軍省之永田軍事課長外，各課長高級課員級、海軍省高橋高級副官、澤本軍務第一課長以下，各軍令部之野田、近藤兩課長等，參謀本部東條第一、渡邊第五課長以下各課員班長，共約百十餘人開聯合會，討論解決滿蒙問題及中村事件。十一日午後七時，會於挽町竹葉屋，十時散會。結果，認除行使實力外，無他策。

九月十三日前報記載，題為「對華問題重大化」，若槻首相今日訪西園寺公，南陸相先首相而往，報告軍部之意向。訪問後若槻發表談話云：「中村大尉事件，期使萬無遺憾。」南陸相談話云：「滿蒙諸懸案，宜求根本解決；中村事件不過其一象徵。」

九月十五日又載，題為「土肥原急行歸奉」，內記因中村事件接軍部招電十日來京之土肥原、與陸軍省參謀本部之首腦者，及外務省當局會見，陳述報告及意見。更與軍部重要協議之結果，受陸軍方面大體方針之指示，十四日夜急行返奉，傳達軍部指示於本庄關東軍司法官。

觀十五日之記載，日本對於中國以武力侵略，九一八事變之具體方策已定矣。尚有一可記之事，其事雖不屬於軍事範圍，然為世界外交家所知者，頗可為日人應負九一八事變責任之一證；即九月十三日東京朝日新聞記事，日本出席國聯代表芳澤大使於九日國聯會席上說明：「國家自衛權之保留，與聯盟規約及非戰公約調和，而不相背。」其用語及地名國名，已明示在中國東北將有軍事行動之企圖意味矣。中國代表施肇基於十一月總會曾將此意隱密揭明，並要求各國對此加以預防及制裁，否則非戰條約將成空文云云。

三　日軍佈置進攻瀋陽

東北外交研究委員會報告

民國廿一年五月四日

1、一九三一年八月間在鴨綠江、輯安、長白等地，日軍演習架橋。

2、在八月下旬內，日本在南滿之守備隊分成大隊以下之部隊，紛紛調防。有由公主嶺調本溪撫順者，由大石橋調昌圖者，八月十一日第四大隊由連山關調長白，名為勦匪，或參加演習，其實乃為軍事上初步之佈置。

3、日陸軍省特派前任參謀總長陸軍大將鈴木莊六，率領在鄉軍人將校團六十餘員，於九月十日由新潟縣出發，至神戶乘加爾丸商輪，預定準於十三日抵大連，轉赴長春哈爾濱。名為慰勞軍隊，實負軍事上之偵察授機宜等之重大責任。

4、關東廳屬特務警察便衣隊官警六十餘名，帶領旅順警察傳習所畢業之華人高有才等二十一名，與日警同作學生裝束，暗攜手槍，共分十二班，以日警為長，於八月二十九及九月二日，由沙河站乘車赴昌圖范家屯長春等處，此種非常之行為，為一種陰謀之舉動，可斷言也。

5、大連八月二十九日，入港日軍用之千島丸、三田丸，均二千餘噸，滿載第二師團各兵科軍用品，並有新式步槍二百餘枝，其他軍械甚多，並馬數百匹，押運官兵二百餘名，於九月一日將各品卸大連軍用倉庫第六庫儲存。

6、八月二十六、七日，由日本等地運到航空機三十餘架，野戰重砲二十餘門，控置於南滿渾河車站附近。

7、八月二十七、八日，據第七旅第六百二十團一營便衣偵探報告，日軍部曾發給瀋陽之日韓居民槍械。

8、九月一、二兩日在鐵嶺遼陽間之南滿鐵路兩側，構築各個射擊之掩體。

9、九月二日起日軍終日在瀋陽北大營附近關帝廟、老瓜堡子等處，施行野外演習。

10、九月四、五等日，更作包圍東北兵工廠之演習，並於瀋陽日本鐵路佔用地各工廠，定造中國軍服二千餘套。

11、九月初旬，日人鮮人時至中國各機關偵探內幕，如長官公署、兵工廠、財實各廳等處。

12、九月十日至十二日，時有日軍三、五名，屢向營內窺探一切，意在挑釁。

13、九月十八日夜十時許，據第七旅第六百二十一團三營衛兵報告，營房西有日本輕便火車數輛停放鐵道上，有多數之日人降下。

14、在事變之前，日人之關東軍聲稱演習，向瀋陽方面集中，然演習中，攜帶實彈。其在遼寧之砲兵，係駐距奉天南方八十英里之海城，而事變當時，其砲兵在瀋陽附近，發砲射擊，並能於暗夜中命中目標；足見其砲兵於晝間早已進入陣地，完成射擊之準備者也。

詳審上述各項及當時中國方面未有充量之準備，日人方面之事事周詳；孰為挑釁者？孰為此事變之責任者？不難明辨矣。

第二節　日軍突然侵佔瀋陽各地

一　日軍進攻瀋陽各地詳情

陸海空軍副司令北平呈國府電

民國廿年九月廿四日發廿五日收

特急，南京蔣主席鈞鑒：王部長儒堂兄勛鑒：○密。日軍侵據瀋陽各地，節經先後電陳，業蒙鈞鑒。謹將各處詳情摘要，彙列於下：

（一）關於瀋陽者：九月十八日晚十時後，瀋陽城北忽有轟然炸烈之聲，即而槍聲大作。旋據北大營我第七旅報告，乃知係日軍向我兵營攻擊。先是我方以日軍迭在北大營等處演習示威，行動異常，偶一不慎，深恐釀起事端，曾經通令各軍遇有日軍尋釁，務須慎重避免衝突。當時日軍突如其來，殊出異外。我軍乃向官方請示辦法，官方即根據前該命令，不許衝突，又以日軍此舉不過尋常尋釁性質，為免除事件擴大起見，絕對抱不抵抗主義。未幾，日軍攻北營內、驅殺士兵，毫無顧忌。我軍不得已，遂退出營房。日軍復舉火焚燒，同時並用野砲轟擊我北大營，迫擊砲廠、兵工廠等處。兵工廠至五時左右，尚無若大損失。迫擊砲庫被轟爆發，迫擊砲廠亦被佔據。我官兵及附近居民避免不遑，傷亡甚多，詳確數目，未得查明。當砲聲初起之時，我方交涉員即向日領質問，日領諉為原因不明。我方請其於五分鐘內速予制止，日領請求延長五分鐘，以便辦理制止手續。十一時許，日軍射擊如前，有加無已，並用步兵向瀋陽攻擊。我方復向日領交涉，答以軍隊行動，外交官不能直接制止等語。該日軍仍復前進，並未稍停，迨至十九日早八時，攻入城內，先登城牆，向下射擊，把守四關城門，解除軍警武裝，佔據官署，搜查文卷，捉捕軍官，搜索私宅，所有城內外警察分所，均被日軍用機關槍射擊。凡佔領之機關，均標貼日本軍佔領，犯者死刑字樣。當時市內我方軍警，亦以事前奉到命令，不許與日軍衝突，又以瀋陽城市中外雜居，我軍警負有保護地方之責，自當竭力維持治安，遂亦在毫無抵抗情形之下，慘死於日人彈下者，為數不少。十時左右日軍已將市口完全佔據。東三省官銀號、中國、交通、邊業各銀行，均經侵入；兵工廠暨飛機廠棚，亦被佔據；而與通信有關之電報電話等等，至是竟全斷絕。並將監獄打開犯人完全釋放，市內居民猝遭慘變，驚惶萬狀。日軍兇暴已極，對於行人任意槍殺，見有軍警服裝者，尤為仇視，幾難倖免。文官未逃走者，亦多被監視，行動不能自由；捕獲軍官，迫令簽字，承認我軍先行攻擊，破壞其鐵路橋樑之事。我方百計設法，請其商洽，日軍悍然不顧，嗣煩各國領事代詢暴行原因，日軍反謂事變之起，實由於我軍破壞南滿路之橋樑。實則事變初起時之轟然爆炸聲音，乃係日軍自行爆破北大營附近之南滿路小橋樑也。平日日軍對於南滿路保護綦嚴，凡有橋樑之處，莫不有日兵把守巡邏，日夜不懈。華人之行經此處者，雖便服亦受監視。至於軍人，則盤查尤嚴，否則不許通行。華人便視此為畏途，此有已往事實可查。在此種嚴厲狀況之下，我軍何得輕至南滿路。且我軍對於日軍向來極力避免衝突，詎有破壞橋樑之事。至於日方宣傳種種，皆係一面之詞，且自瀋陽被日軍佔據以後，所有官署公文印信，以及一切軍、政兩方重要人員物品，均在日人掌握中，自可隨意造作任何證據，我方不能負責；其他生命財產之損失，更不容查知其詳，故不能以確數說明。近據報稱，日軍極力搜查我人民軍警屍體，悉數焚化，以圖消滅證據。

（二）關於安東者：日軍於九月十九日早六時侵入安東，將全市完全佔據，所有市內軍警武裝悉被解除，並把守各機關，我軍亦未抵抗。至軍警市民死傷若干，公私財產損失若干，因消息阻隔，迄未據報。

（三）關於營口者：日軍大部於九月十九日早八時侵入市內，將我練軍營及警察之武裝，完全解除。復至河北中國車站，破壞鐵路數段。我軍警以事前奉有命令，在與瀋陽同一情況之下，未與抵抗，所有機關均被監視。至軍警市民死傷情形，及公私財產損失狀況，亦因交通隔絕，尚未得有詳確報告。

（四）關於長春者：日軍於九月十九日拂曉，突向寬城子站護路軍營開槍射擊，我軍傷亡張營長一員，兵百餘名，傅營長受重傷，全營被繳械。日軍入城佔據車站及電信機關。又長春附近南嶺所駐之吉林步砲陸軍營房，全被日軍炸毀，我官兵及附近居民，死傷甚重，確數待查，對路員多被驅逐監禁，並有受傷者。至其他生命財產之損失，尚待詳查。

（五）關於吉林者：日軍於九月二十一日午後五時

佔據吉林省城，先於午後二時，有日飛機在吉垣空中散布傳單，捏稱日本佔領奉天時，有學生軍抵抗，因之激烈，吉林商民機關軍隊不必驚恐，如有抵抗，必犧牲之等語字樣。日軍佔據後，消息隔絕，我方生命財產損失如何，尚未據報。

（六）關於昌圖者：日軍於九月廿日晨開砲向紅頂山營房射擊，將東、西、中三面焚燒，先是軍旅為顧慮地方糜爛，避免衝突起見，已於十九日申時退駐法庫一帶。此後電報電話業已不通，至生命財產損失如何，尚未據查報。

以上各節，均係得有確實報告，至其他各處有無同樣情況，現因平瀋間通訊斷絕，迄未明瞭。奈日軍此種暴行，純屬違背國際公法，該國自應負其責任，擬請鈞座通電各國，宣示真相，謹電奉陳，敬乞垂鑒。張學良叩。敬丑秘。

遼吉被佔紀實

國聞週報記者

九月十九日午前六時，瀋陽突被日軍占領，長春、安東、吉林、四洮鐵路等處，先後亦被占據，實為中國前清庚子以後之第一奇辱大恥，茲彙輯從九月十八日至二十三日止之正確資料。成茲專篇。國人可作痛史讀，傳之子子孫孫，永遠勿忘也。

榮臻等述慘變經過：日軍發動情形，不易得可靠報告，此較可信者，當為東北邊防司令長官公署參謀長榮臻及邊署高級軍官王達、高文彬、劉震東、袁佐唐、周志銘、高逢泰諸氏所談，榮等均係由瀋陽難中化裝逃出者，二十日乘車赴平。據談此次事變經過，綜合誌之如下：

日軍於十八日夜十一時許，開始進攻，一般人所聞之第一聲巨響為十一時十五分，蓋用炸藥轟炸南滿路長春線柳河鐵橋之聲，該橋距瀋甚近，即日方所指為被北大營吾軍炸毀者。第一聲巨響後遂繼以大砲，砲位似設於南滿站日兵營附近砲子墳地方，在商埠及城內可聞槍彈由空中飛過之聲，直向北大營方向射去。榮氏時在私宅，當即叫北平長途電話向張副司令報告並請示應付方法。其時北大營駐軍長官由電話中向榮請示。榮令以全取不抵抗主義，繳械則任其繳械，入佔營內即聽其侵入，並告以雖口頭令亦須絕對服從。少頃據報日軍已進入最西邊之營房，營內吾軍遂由後門退出，日軍即將該營房縱火焚燒。尚有一團住於該營最東邊，被日軍包圍。至翌晨始突圍，與衛隊旅學生隊同退瀋海路線。榮氏因在私宅不便，乃入城至長官公署。其時朱光沐、王旅長、毛旅長、吳泰來、楊政治、黃顯聲均到，當即據報迫擊砲廠及火藥及兵工兩廠均已被日軍襲擊，故榮由公署至電政管理處，用長途電話向副司令報告。副司令諭仍取不抵抗主義。當砲聲起時，即找王交涉員，此時王始趕到。由王及曹科長向日領事詢問日軍此舉究屬何意。領事館云：「該館亦正向軍官探詢中，現不能答覆。」更詢日軍特務機關長土肥原，亦答不知。時已在夜十二時後。吾方通告日領，望於五分鐘內答復日軍行動真意，過時即由吾方通告各國領事，不再負保護僑民之責任，日方請多予五分鐘時間，準可答復，但經過一小時，仍未得答復，日軍行動亦未停止。吾方更用電話催詢，日方云：刻正在招集軍官會議辦法，會議結果即通知。吾方亦於此時將日軍肇事情形通告各國領事。旋得日領事答覆，謂其會議結果，以軍隊既已出動，制止甚難，並謂當不進城云。榮氏及省主席臧式毅會商維持城內辦法，以日領只云軍隊不進城，如果進城，吾方即閉城門，日軍亦可用砲擊毀，不若開城聽其如何。時近拂曉，日軍竟由西南角城牆壞處入城，在城上開機關槍一排示威，遂將無線電臺占領。榮氏正擬一電稿，預備報告副司令。因電臺被日軍占領無法拍發，忽憶及副司令宅內有新由華人自造之小型無線電機一架，用電燈之電力即可拍至北平。乃找來使用該機之人，使之拍發，果能達到。即張氏已在報發表之號卯電，日軍人入城後旋將張氏私邸（即帥府）及長官公署省政府等各機關占領。該小型無線電機，亦被占去。瀋陽與張副司令之消息遂斷。榮氏被同僚勸之離去公署，以免危險。榮遂在臧主席宅改著便服，回本宅探視。甫回宅，日軍即來搜查，榮由後門逸出。乃父於十七日做壽，尚有來賓數人在宅未去，與榮氏之弟二人及來賓張鴻儒、李錦章、劉毓麟、王保亭、鄭昭敏及聽差一人共八名同被日軍綑綁而去。榮父及女眷於日軍進入時亦由後門逃出，故未及難。日軍遍搜一過，亦即離去。少頃，即帶載重汽車四輛復來，將榮宅雜物載去，不便帶者砸壞。同時被日軍搜查者有前任省主席翟文選宅，翟本人被其拘去。于珍及吳泰來之子亦被拘去。朱光沐宅劉多荃及翟于吳之宅內物品與榮宅亦遭同等待遇。曾任口北鎮守使之韓雲鵬在六國會館前被日軍擊斃，傳聞迫擊砲廠李廠長及省府課長一人亦遇難。帥府什物全被載而去。十九日臧主席再向日領探詢真意，覆稱關東軍司令本庄繁定於十九日下午來瀋，俟其到始有辦法。本庄到後更向日領詢問，稱刻正會議，至夜間得覆，謂會議結果，決定對中國軍政當局不談判，維持治安則可由本地法團出而接洽。廿日由日軍派高級軍官通知臧主席三條稱：一、治安問題，准中國編警察六百名、分駐原有六警區、由現任瀋陽縣長李毅主持。二、十九日起各商家須一律照常開市營業。三、治安責任由日軍擔負。至此吾方官吏已無行使職權之希望，榮氏等遂設法脫險來平謁副司令，化裝一僕役人模樣，趁日軍開城行人擁擠之時，持菜籃作出城買菜模樣，始得混出。繞至極遠之處，始超過南滿路，達皇姑屯時，為二十日下午一時云云。並聞兵工廠現存步槍八萬枝，機關槍四千挺，飛機廠有新舊飛機已裝成及未裝者，共二百架，現在能用者六十五六架，彈藥糧秣被服迫擊炮各廠，合全部損失在一萬萬之左右。榮等車中，有張作霖之第六夫人，攜張之小姐五、六、七、八公子，一同逃難，均著藍粗布衣服，顏色憔悴，蓋皆隻身逃出者也。榮臻到北平後，於二十三日以書面發表瀋變經過，略如上述，其最要之點如下：一、日方厚誣華兵爆炸南滿路路軌，致造釁端，實則南滿路軌，其破壞只係一軌，而其他一軌，則依然未動，此係極為慎密精細之工作，以常理度之，絕非希圖破壞他人路軌者倉猝所能為。二、日方於十八日下午十時二十分即開始攻擊我北大營，而日人機關報盛京時報之號外，誣我軍隊於十一時許，始將南滿路軌炸壞，照此觀察，豈非攻擊在前，而尋釁在後乎？又日軍非有未卜先知之明，何以先知北大營附近有事，而預為調軍以攻之乎？三、日軍於發生事變後，立即派人馳至華方官廳，要求簽字承認釁自我開，路是我毀，實則肇事原因及簽字文豈倉猝所能辦，且事實調查，皆須相當時間，即使路由我毀，日人更非神明，又何以能於數十分鐘之內，便知中國工兵所為，而更係一將校指揮為之乎？

日本方面行動詳報：日本欲有事於東北，準備已久。醞釀多時，在我所認為突然而來者，在彼實預有成算，故先之以夜間演習，繼之以開砲炸橋。而反資為口實焉。據日方發表。十八日午後十時半瀋陽北大營之西北側，中國官兵炸壞奉天防屬地北一里許之滿鐵線，襲擊日本守備軍，因是日兵關東軍司令部，依據條例，立刻命軍隊出動。其支配如下。（一）獨立守備隊第二中隊。攻擊北大營。（二）駐紮隊於稻見中佐統率之下。任防屬地之治安維持。（三）駐紮隊第二十九聯隊。以援助友軍之目的。掃蕩商埠地之中國兵。至是日軍虎石臺中隊於午後十二時占領北大營西北角之一部。日本獨立守備隊第二大隊增往作戰。同時日軍砲隊發炮，擊中中國東塔飛行場之機庫。此類情形之報告，第一次到達旅順之日本關東軍司令部係十九日午前零時，適關東軍司令官本庄繁中將於十八晚甫由滿鐵沿線視察回部。立令駐劄聯隊及重炮即刻向瀋陽出動，更令遼陽、鐵嶺、撫順各守備隊動員到瀋，本庄應率三宅參謀長等亦於十九日午前三時四十分由旅順赴瀋。軍司令即移瀋陽，時在瀋日軍亦於十九日午前二時占領商埠地第二警察分局。不五分鐘全商埠悉被占領。同時日駐剳隊向城內鼓樓前進。其他一部則分占北大營之西北及東北部及文官屯西大營之西南及東北部。隨於十九日午前一時四十五分，對城內外日本居留民，令其避難。午前二時所調各守備隊齊集奉天。當由大西門、小西門、黃廟府三方面各以二個中隊配備野砲各一門。同時進展。午前三時悉行入城。中國完全無抵抗。其奉天駐紮隊第二大隊則於十九日午前零時十五分在瀋陽驛北工業區迫擊砲工廠附近動作，與北大營西北區之日軍相呼應，完全占領之。日軍入城後。首由關東軍司令部奉天憲兵分隊長名義，出安民告示。其文云：「本省城近來失秩序之事甚多，茲我軍占領城內，臨時任治安維持之事。對各善良人民，一視同仁，絕對保障生命財產之安全。余於良民而有回復舊職、安居樂業之希望者，一同當加保護，若有故意傳播謠言，違反治安者之時，當處嚴罰，特此佈告。九月十九日。」嗣又以關東軍司令官本庄繁名義發表布告（原文已製版發刊如上），此誠中國國恥紀念新史料也。日軍復於十九日午前七時占領大東門外飛機場，鹵獲飛機六十架。同時占領兵工廠及官銀號並各機關。經本庄司令令派多門第二師團長為臨時奉天衛戍司令官。於二十日在軍部開會，決實行軍政。在司令官下設軍政署，以三谷奉天憲兵隊長司之。更施市制。以土肥原大佐為市長，時據日方公布，瀋陽之役從十八夜至十九日拂曉，日軍死傷者計十三名。內死者二名。傷者十一名。瀋變既作，所有撫順、安東各地日本亦同時實行占領。惟瀋陽東大營華軍迄二十日尚在抵抗，其後該軍二千人退往撫順城內。向日街作戰，卒被解決。又南滿路北段終點之長春，亦隨瀋陽事變之報導而立現戰時情況。中國方面駐寬城子之軍隊有精銳之稱。日本第四聯隊準備戰鬥。期以十九日午前五時，將南嶺及寬城子之華軍，解除武裝。大島聯隊於十九日午前四時十分進至附屬地境界，華軍予以抵抗，至四時四十分遂行開戰。一方面朝鮮京城之朝鮮軍於十九日午前二時半，對所轄十九、二十兩師團，下緊急準備令。蓋為對付華軍之抵抗進占長春計也。長春華軍抵抗殊力，以大砲四十門，變兵五十，包圍日本租界。日軍死者五十六名，負傷八十四名。日軍進攻寬城子，係乘黑夜，由大島第四聯隊長突進，終不得入，直至二十日午前十時方始占領。長春之南嶺中國兵營，抵抗亦猛烈。日方黑石少佐指揮二中隊，從十九日午前四時開始攻擊，一時日方陷於苦戰。賴公主嶺一大隊增援，始克支持。寬城子陷後，此兵主力，加入作戰，至二十日下午五時半，方被攻下。先是第二師團長多門中將鑑於長春形勢之緊張，特於二十日午後一時將師部移設長春，又準備進占吉林。是日令在吉日僑撤至長春。二十一日占領吉長路局。先派裝甲車，次以步騎砲兵分乘三列車赴吉林。下午五時，吉軍參謀長熙洽與日顧問大迫中佐等在樺皮廠站迎候日軍多門中將，當即換乘裝甲車，一同入省。午後六時到達，裝甲車在下九臺地方將華軍一部繳械。吉林省垣，遂又入日軍之手，實則多門之進據吉林，乃關東軍司令官獨斷之行為，併未先求參謀本部准許也。日軍既占吉垣。二十二日午前一時半，在四平街占領四洮線鐵路局，解除四洮線上武裝。更於二十二日午前六時四十五分由獨立守備隊蓮山少佐率部隊由四平街赴鄭家屯，有兵六百人於二十三日下午二時開至通遼以窺打通路。一方面則吉敦線之敦化縣，復於二十二日被日軍所占。因多門師團之移吉林，朝鮮軍司令官亦以權宜處置，派一混成旅團，經新義州安東至瀋陽，歸關東軍司令官指揮，而延吉風雲亦以告急。幸以國際責難紛至，日方有所顧忌，因將已派出之兵撤回。惟對北寧路仍進展不已，二十三日下午六時四十分，有日軍進至新民府，將皇姑屯至巨流河一段之北寧鐵路劃作該軍防地，以巨流河河道為對西方防禦線，先是二十二日下午有日兵二名至北寧路駐瀋辦事處副處長胡純贊住宅，稱該軍擬占用皇姑屯至巨流河間之鐵道，並借路上之電報與電話線，胡氏答稱，本人現已不能行使職權，本路有借款關係，現由車務處長英人司梯理負全權責任，日兵退去，次日下午復至胡氏住宅，出書就之條件四款，交胡氏簽字，所提四款為（一）日軍出兵巨流河，用日本兵車，在北寧路行駛。（二）北寧路長途電報電話線由皇姑屯至巨流河間，歸日軍使用。（三）到巨流河後不妨礙北寧路營業。（四）到巨流河運輸日軍不付給運費。胡不肯簽字，日兵遂與胡偕至皇姑屯，覓司梯理，適司氏出外吃飯未歸，見車務段長英人謝蘭，日軍即命謝簽字，謝云，本人不能負責，日軍云汝亦英人，可簽字，同時以槍相逼，日軍稱此舉係對中國客氣，即不得汝等簽字許可，本軍亦可通過，謝不得已，執筆簽字，同時並舉手宣誓聲明此簽字無效，日軍亦置之不問，謝簽畢後，復逼令胡氏簽字，胡故作不能，辨識之草書，日軍云非另書不行，復逼胡氏在下方另簽一次。簽已，日軍持去，旋遂有日兵車由南滿站經皇姑屯開往巨流河，車共二列，前一列一機車拖車四輛，後一列施車十五輛，內有鐵甲車數輛，車上除日兵外並有南滿路人員，繼進至新民，六時四十分接收皇姑屯之電報電話，惟占領營口日兵於二十二日業已退出，地方由自衛團警察維持，又長春日軍準備開往哈爾濱之議，似因未得日閣之許可而作罷，東電稱外務省主張必要時撤退日本在哈埠之僑民，或因對國際有所顧忌歟，要之日軍行動越乎條約範圍，不知其幾千百里，甚至有經洮昂路派兵至齊齊哈爾保僑之報，充其軍事行動之所極，擴大當不知所屆也。

張副司令表示態度：自瀋變發動，海陸空軍副司令張學良對記者談話二次，表明對此次事變態度，截至二十日止，致電中央報告日軍佔領我重要城市二次，茲分誌如下：

（一）天津大公報記者十九日晨得瀋陽被日軍佔領消息，驅車至協和醫院，訪問張副司令。時為午前十時，侍衛等人，已半知瀋陽事變，竊竊私語，情態頗形緊張。侍衛肅該記者登樓，入一極小之病室中，少頃張副司令至，精神恢復，步履如常，耳聾亦已大愈。時待見之客甚多。張於忽忙中語記者曰：君來為訪問瀋陽之新聞乎？實告君，吾早已令我部士兵，對日兵挑釁，不得抵抗。故北大營我軍，早令收繳軍械，存於庫房。昨晚（即十八晚）十時許，日兵突以三百人扒入我營，開槍相擊。我軍本未武裝，自無抵抗，當被擊斃三人。先是日方以車頭載兵將皇姑屯中日鐵路交叉處轟毀，隨即退去。故日方發一表謂我軍破壞滿鐵路軌，絕對無有其事，蓋我方避人挑釁之不暇，豈能出此。駐瀋各國領事，俱能明瞭真相。日兵既入北大營，每間五分十分鐘，即由附屬地開砲，直對北大營及兵工廠等處轟擊，當經我方商之駐瀋日本林總領事，請於五分鐘內，速予制止。林氏先請以十分鐘為限，嗣又來電謂已成軍事行動，本人無法制止云云。自是日本佔領所有交通機關，並本人住宅亦有日兵守衛，惟截至昨上午六時半止，秩序未壞，我方官民，悉不準備抵抗。吾信臧式毅主席必在城內，努力維持，不令秩序破毀。此事自應由政府負責交涉，日本此次既未下最後通牒，又未宣告開戰，而實際採取軍事行動，令人不解，仍望國民冷靜隱忍，勿生枝節。截談話時止，本人所得報告，亦不過十九日上午六時半為止云云。更詢以中村事件如何，張答謂此事日本指為應負責任之關玉衡團長已押在憲兵司令部，更派大員如陳興亞司令者前往調查，可知我方必盡法處置，惟在罪情未明以前，當然未便遽將嫌疑人法辦，且此事交涉正在進行，亦斷無訴之武力之理由云云。

（二）二十日晚張副司令允各外國記者請求，會談於協和醫院接待室，作下列談話：

「十八日夜日軍突襲擊瀋陽，並將該處與滿洲其他各處佔領，成一作戰行動，此舉實毫無理由，且為未有之先例。此事發生，在日本已有數星期之煽動，其作此行動，適逢中國在水災、共禍與內戰紛擾期間。余竊透日軍擬在滿洲有某種行動後，即下令部下倘遇日軍進攻，中國軍警不得抗拒，須將軍械子彈存入庫房。當日軍進攻消息傳來時，余立時又下令收繳軍械，不得作報復行動，故當日軍開槍與機關槍並用砲轟擊北大營與其他各處時，中國軍隊並無有組織之報復行為。據日方稱，彼等此舉有直接原因，但舉世已共睹其在事前曾製造戰事，可證明此言之虛偽，日方現已發動，但中國方面，並無意為交戰團體，中國只求全世界輿論之判斷，並希望公理之得伸。」

張副司令於答覆問話時，稱彼不知日本擬做到若何地步，或其目的所在，因此全般事件，係極端的越軌行為。記者又問日方聲稱，彼等擬令此事成局部問題，故今後談判是否由地方抑中央進行談判，氏稱，對此事全國一致，當然歸中央應付，氏又答記者問，謂倘此事由國聯討論時，亦將由中央處理。（錄自民國二十年國聞周報第三十八期）

附錄　日本軍司令官布告

為布告事，照得昭和六年九月十八日午後十點三十分，時中華民國東北邊防軍之一隊在瀋陽西北側北大營附近，爆破我南滿鐵路，驅其餘威，敢然襲擊日本軍守備隊，是彼開始對敵行動，自甘為禍首，抑我南滿洲鐵道者，往年日本帝國依據條約，正當獲得歸屬我所有，即帝國對此使他國一指尚不能染，然今遇民國東北軍，不但敢犯之，更竿頭進一步，至於對帝國軍隊發槍開炮，是彼東北軍自對我軍來求挑戰也明矣。

輓近考察東北方面情勢，對我權益，頻繁簇起侵害行為，境內到處發生侮日行動，是決非一時的感情之誘，因常以慣用手段，蔑視國際道義，狎習侮日行為者，只觀東北軍權之計劃的行為外，明知何物不存在，任其驕勢所趨，於今非膺懲之，或恐有其結果不可測知者，熟思敢行斯暴舉者，非華國民眾，彼懷抱野心一部軍權之行為也。

本職夙負保護鐵路之重責者，因為擁護其既得之利權，確保帝國軍之威信，茲方執斷然處置，無敢所躊躇。

夫我軍欲膺懲者，彼東北軍權而已，關於所有民生休戚，本職最所注意苦慮，特對部下已經切實諭示，擁護其福利，愛撫其身命，仰爾東北民眾各自重，無所憂，安業樂居，萬勿出疑懼逃逸之舉，然倘有對我軍行動欲加妨害者，本軍毫無所看過必出斷乎處置，茲鄭重聲明，此佈。

昭和六年九月十九日

大日本關東司令官　本庄繁

說明：

原布告係用長四二英寸，寬三〇．五英寸之白色厚模造紙，印製黑字石印於年月上，蓋有四英寸六分方形關防一顆，文為關東軍司令官之印。

陸海空軍副司令張學良呈國府電

民國廿年九月十九日

銜略鈞鑒：頃接瀋陽臧主席榮參謀長皓卯電稱：萬急，

副司令鈞鑒，詳密。日兵自昨晚十時，開始向我北大營駐軍實行攻擊，我軍抱不抵抗主義，毫無反響，日兵竟致侵入營房，舉火焚燒，並將我兵驅逐出營。同時用野炮轟擊北大營及兵工廠，該廠至即時止，尚無損失，北大營迫擊砲庫被毀，迫擊砲廠亦被占領，死傷官兵待查。城內外警察各分所，均被日兵射擊，警士被驅退出，無線電發報臺亦被侵入。向日領迭次交涉，乃以軍隊之行動，外交官不能制止等語相告，顯係支吾，並云由我軍破壞南滿路之橋樑而起，實屬捏詞。截至本日午前五時，尚未停止槍砲。以上等情，均經通知各國領事，伊等尚無表示，職等現均主張堅持不與抵抗，以免地方糜爛。餘續電，並已轉電南京政府謹陳臧式毅、榮臻叩皓卯印等語。最後復得瀋電臺報告，日軍已於今晨六時三十分入省城，佔據各衙署各通訊機關，驅逐我警察，遮斷我北寧路站。此後消息完全阻斷，情況不明。日方宣傳，因我軍襲擊南滿路，故日軍施行追擊。但事實上我方絕無此事，即日軍犯我北大營時，亦毫無與之抵抗。除電呈國民政府外，敬電奉聞，張學良叩皓（十九日）印。

外交部呈行政院電

民國廿年九月十九日

行政院鈞鑒：密據報本月十八日日軍向我瀋陽北大營駐軍攻擊，十九日晨六時佔領瀋陽。又接張副司令電稱，日軍向我軍攻擊，佔領瀋陽，我軍抱無抵抗主義，毫無反響。向日領交涉，彼乃以軍隊之行動，外交官不能制止，並云：由我軍破壞南滿路之橋樑而起，實屬揑詞等因。當向重光及日本政府同時提出緊急嚴重抗議，要求日軍立即撤回，並電令國際聯合會施代表等，及駐各重要國使館喚起世界各國之注意。頃據駐京日本使館館員上村奉政府令來部面稱，日政府認瀋陽衝突事為不幸，已電令日軍長官，勿令擴大等語。同時英國方面亦有日政府已下令制止之消息。但日本軍人果能服從政府命令與否，當不可知。

上村又云：此事發生後，日本政府恐日人方面，對於在日華僑發生事故，已下令加意保護，請中國政府對於在華日僑，亦一律保護，勿使人民有報復行為等語。查此案既經發生，自應由政府力謀正當解決。我方對於在華日僑，仍須力為保護，除已警告日本政府，對於旅日、鮮華僑應負完全保護責任，並電陳蔣主席外，擬請鈞院迅予通令各省市政府，對於日僑一律切實保護，以免事勢擴大，反貽對方口實。謹電陳核辦示遵，外交部。

二　日軍佔領安東長春等地

海陸空軍副司令張學良通電全國

民國二十年九月二十日

南京中央黨部鈞鑒：各院部、各委員會、各省市黨部、各省市政府、各督辦公署、各總指揮部、各軍師旅司令部勛鑒：全國各機關、各法團、各報館鈞鑒、日軍侵據瀋陽，一切經過情形，業於十九日通電奉聞，計已察及。近據確報，營口、安東、長春等處日軍，亦有同樣動作，安東於十八日晨八時被佔，營口、長春均於十九日晨八時被佔，各該市內我國軍警武裝均被解除，詳情仍飭密探具報外，敬電奉聞，張學良號（廿日）酉秘印。（錄自民國二十年國聞周報第八卷第三十八期）

三　日軍進攻錦縣

海陸空軍副司令張學良呈國府電

民國廿年十二月卅日發

廿一年一月一日收

萬急限即刻到。南京國民政府鈞鑒：特種外交委員會、外交部、參謀本部勛鑒：密。據錦縣榮參謀長臻、黃警務處長顯聲卅亥電開，卅日午前十時，敵步騎砲約三聯隊及飛機八架，鐵甲汽車並唐克車共十輛，向溝營線胡家窩棚我第十九旅陣地，猛烈攻擊，我軍奮勇抵抗，激戰至午後四時，我右翼第六五四團，被敵唐克車衝入陣地，同時左翼敵騎兵四、五百名，亦繞我後方，我軍仍死力抵抗，死傷極眾。最左翼之一營，幾全營覆沒。雖經派隊增援，戰況仍未恢復。至午後四時，我軍陣地中央，亦有兩處被敵衝破，仍堅持至七時，不得已乃撤至溝幫子，整頓陣線。又北寧線之白旗堡西方，於午前八時發現敵飛機四架，敵甲車一列，中騎兵兩千餘，對該處公安隊攻擊前進，並遼中縣亦有日軍廿餘，攻擊縣城，與公安隊激戰甚烈。至午後一時，我北寧線上之部隊，以眾寡懸殊，乃向北鎮附近撤退，敵乃向大虎山猛進，至八時與步兵關團發生激戰。又溝幫子昨午十二時有飛機四架擲彈廿二枚，二時又來五架，擲彈卅餘枚，均係二百磅重之大炸彈，將鐵道炸毀數處。我鐵甲車亦被炸毀一輛，死傷官兵三十七名。總觀本日戰況，我軍官兵雖死力殺敵，但敵空中有飛機轟炸，陸上先以唐克及鐵甲汽車在砲火掩護下，向我猛進，其騎兵前抄襲，兩翼步兵跟隨唐克車攻擊前進，我軍應戰經日，給養彈藥，均受飛機妨礙，不能供給，以是未克持久抵抗。官兵氣勢，均髮指眦裂，死力搏戰。卒以器械不敵，未獲勝利，死傷人數查明再報等語。謹電奉聞，張學良叩，世甲秘印。

行政院發外交部訓令

民國廿一年一月廿二日

令外交部

為令行事案准國民政府文官處第一六六號公函開，逕啟者：奉主席發下遼寧省政府電陳日軍大舉犯錦，陸空並進，我方雖協力抵抗，激戰數晝夜，然以實力懸殊，終於撤退。該府江辰帶公安隊暫離錦縣等情一案，奉諭交行政院等因，相應抄同原電函達查照等由，准此，除函復外，合行抄發原電令仰該部知照，此令。

計抄發原電一件

抄原電

民國廿一年一月廿二日

急。南京中央黨部、國民政府鈞鑒：各省、各省市黨部、各報館鈞鑒：日人違反非戰公約，不顧國聯三次決議案，竟於日來大舉犯錦，陸空並進，我方軍民雖協力以抵抗，激戰數晝夜。然以實力懸殊，終於撤退。本府處此非常情形之下，乃於江晨帶同公安隊暫離錦縣。本府守土有責，捍敵無方，故使領土淪陷，主權喪亡，既無顏以對父老，更有愧於國家。臨電迫切，不勝惶恐悚之至，遼寧省政府叩，支印。

四　日人發動津變

日人作祟之津變

國聞週報記者

在國際聯盟即將繼續開會討論中日問題之時，天津突於十一月八日夜十一時左右，由日租界衝出便衣隊向華界擾亂，幸我地方當局事先知悉，防範嚴密，騷亂未致擴大。九月十日情形非常嚴重，華界各處戒嚴不准通行，日租界內繁華之旭街，除日軍及障礙物，行人幾致絕跡。英法租界亦懼日人作祟，頗有戒備。中外商人感受非常痛苦，事變發生之後，我曾將此事通告中外，中日政府曾有交涉。河北省政府主席與日軍司令往返磋商協商，肅清便衣隊及恢復市面情形，現已有頭緒，我先撤退防禦設備，日人然後撤退，津變能否解決，全賴日人有無誠意不再擾天津，茲述津變情形於次。

八日

十一月八日下午二時，天津市軍警機關據報日租界潛伏有便衣隊，由張壁、李際春等指揮，擬擾亂津市治安。公安局當即調集全市馬步隊布置防務。晚八時許實行戒嚴，與租界毗連之各路口斷絕交通。此外並調附近駐紮之軍隊若干，來津郊增防，保護各機關。日租界同時亦在各要路口有所佈置，駐軍、憲兵一齊出動。界內日僑組織之義勇軍千人，當晚亦發給槍械，分佈要路，人心惶惶，謠諑叢生。迨十一時左右，南關及閘口數路果由日租界衝出便衣隊約千餘人，開槍射擊，保安隊及警察當即還擊，一時槍聲大作，日租界大北飯店前，華人有數名被擊斃，繁華之天津，一時頓成恐怖世界。最熱鬧之日租界旭街，行人為之絕跡。

九日

九日晨一時許，便衣隊復由各路口分批衝出。一批由閘口北向奪取公安局，公安局先有戒備，未得逞。擾亂南市之便衣隊，則包圍攻擊二區六所，警察不敵，退出，日兵竟將該區占領，並懸掛日旗。此外東南城角草廠庵一帶，戰鬥亦烈，暴卒被擊潰。公安局馬隊保安隊有少數傷亡。迄晨五時，便衣隊徹夜擾亂，終未得逞。日租界駐軍乃以擊斃日軍排長一名為藉口，竟向華界開砲。彼時華方已容納日方要求，凡接近日租界之警察，後退三百米突，藉免誤會。便衣隊見有機可乘，復集於閘口一帶，大舉進攻。日軍砲聲亦隨之而起，一彈落公安局門前，幸保安隊奮勇守衛，便衣隊仍不得逞。當午槍聲稍息，華界渺無行人，日租界只見日軍日僑，景象尤淒涼。下午五時南門外萬德莊一帶又有便衣隊活動，槍聲連續不絕，激戰結果，暴徒潰退。入晚槍聲漸稀，謠傳便衣隊總攻，迄至深夜平靜無事。是日公安局拘獲便衣隊一百二十餘人，擊斃甚夥。公安警士受傷者十餘人，保安隊第五中隊長桑振山炸斷一腿，並傷及兩臂。據捕獲之便衣隊供，此次便衣隊總機關分在日租界大同公寓、萬國公寓、太平里等處。審訊後，被捕之便衣隊有數十名，解送北平訊辦。

各國會商保僑辦法

九日上午十一時，省主席王樹常及市長張學銘，在法租界張副司令私邸招待各國駐津領事談話。首由王氏報告，略謂「本市昨晚之暴動，於前日即有人向官方報密，故得相當警備。該暴徒便衣隊乃有計劃之暴動。初定由日租界入南市，出東門襲取公安局及電話總局。不意官方已有防範，遂即取游擊式，於十時許開始擾亂。復有日軍在閘口一帶，帶同便衣隊開砲轟擊公安局，經抗拒後，則該便衣隊已竄至南門外萬德莊，仍與保安隊混戰中」云云。旋討論保護各國僑民問題，華方以日租界藏匿暴徒，無法肅清，如有危害僑民生命財產之事發生，應由日方負責。各領事當謂昨晚及今日，已有流彈飛入各租界，希望華方仍竭力避免正式衝突等語。此外英、法、意各國駐津陸軍司令，下午三時，同往日租界訪會日本駐軍香椎司令官，各國司令均一致希望日本軍事當局絕對遵守條約，免啟釁端，有妨津市治安。當時日軍司令表示絕對維持治安，令守備軍隊決不侵入中國界內。

張市長向日提抗議

天津市長張學銘因便衣隊擾亂及日軍開砲事，九日向日本總領事提出抗議，照會原文如下：為照會事，頃據公安局呈稱，本月八日晚十時三十分，約有便衣隊千餘人，由日本租界進攻中國地之各警察署所。所有臨日本租界一帶，同時均發現便衣隊。至九日晨五時，便衣隊稍形退卻，日軍忽在閘口停放鐵甲車兩輛，向我方示威。六時有大砲自日本租界方面向公安局電話局射擊，彈落公安局前面，並據捕獲之便衣隊供稱，係由日本人送至華界開始活動等情。查是項便衣隊之組織，係在日本租界。本市長早有所聞，迭經派員面商貴領事館設法拘捕引渡，不幸迄未發生效力。於昨晚竟發生事故，是此種擾亂天津治安之行為，係由貴租界當局放任所致，本市長深為遺憾。將來或因此而損及各國外僑生命財產，以及敝國方面因此事件所受之損失，貴國租界當局應負相當之責任。茲特提出抗議，務希貴領館對於該亂徒等在日租界之陰謀，嚴加取締，並予引渡。再今晨六時，奉河北省王主席電稱，准日本司令官要求，將原駐在中國地之警察後退三百米達等因，查中國警察本為維持地方治安而設，則在華界執行職務，不論任何方面，均無要求向後撤退之權。惟本市長為顧全睦誼及避免誤會起見，特令後退三百米達。但貴國切勿因此而有所前進，最好亦後退相當米達，以昭公允，是所至盼。上列各節，相應照請貴總領事查照，並見復為荷云。

張副司令通電全國

又張副司令九日通電全國，報告事變，原文云，（銜略）鈞鑒：據報八日晚十時半，天津忽有便裝攜槍華人二千餘名，在日租界海光寺集結。據事發後被拿獲者供稱，由日人數名監視之下，發給大槍、自來得槍、手槍、小手槍、手溜彈，並給每名現洋四十元等語。十一時許，由海光寺衝出百餘名，向中國地警察所襲擊。同時並有大部便衣隊由日租界內衝出，以省市政公安局為目標，分頭前進。當即由我市保安隊警察合力抵禦。九日晨一時，王主席為使各國明瞭真相起見，派員將事實通知各國領事，請其注意，並向日領要求負責取締日租界之便衣隊。迨至四時，津日軍司令官用電話向王主席口頭要求，限中國軍隊及保安隊警察等，於即日上午六時以前，撤至距日租界三百米突以外地域。王主席以此種要求，據何理由，正談間，據報又有大批便衣隊續由日租界衝出。王主席因日方要求毫無理由，當答以在距日租界三百米突以內，並無中國軍隊，祇有保安隊及警察，維持治安。現正極力防禦暴徒中，事實上殊不便命令撤退等語。至五時三十分，日方又來催迫，王主席立即下撤退三百米突以外之命令。此時我警察已將便衣隊逐漸擊潰傷亡，王主席為預防警察與日方衝突起見，乃於六時前下令撤退。六時三十分，情況已趨沉靜。忽有砲彈三十餘發，落我城市之中，考其方向，係由日本花園及海光寺日兵營而來，現此飭由軍警合力嚴密戒備等語，特電奉聞，張學良，佳（九日）申秘。

日駐軍司令之聲明

駐津日本守備軍司令香椎，九日晨發出下列聲明云：「此次天津華界突然發生叛變，其擾亂之性質如何，現雖尚未明悉。但因日租界與華界出事地點，甚為密邇。日本之權利與日人之生命財產，將因此而受危險，勢屬可能。故日本軍隊，業已採取種種方法，以保護日本權利之安全，目下之暴動，係屬中國內爭，日軍無庸干預中國之內部問題，為此聲明，日軍對中國軍民之任何方面，嚴守中立態度，凡不企圖損傷日本國家軍隊之尊嚴與危及日人之生命財產者，日本皆當力予保衛。此次天津附近之擾亂，不特外僑之不幸，亦中國人民之不幸也。余深望治安早日恢復，俾中外人民同享和平快樂之生活云。」

十日

十日天未破曉，便衣隊又由日租界及海光寺等處衝出。一區六所及南開中學一帶接戰最烈。大砲與繁密之彈聲雜作，電線擊斷，電燈全滅，附近居民被流彈傷者甚眾，便衣隊所至之處，大肆槍掠，居民更感恐怖。是晨西門大街一帶，亦發現零星小股，三、五十人不等，因防備周密，稍頃即被擊散。晝間稍安，夜十二時後，海光寺一帶槍聲大作。

抗議日兵佔我官署

張市長本日向日方抗議日兵進佔我二區六所。華界今日上午十時至下午一時止，准許行人往來，並購買食物，在此時間，並准米糧店、菜市等開門營業，日租界仍嚴重戒備，居民多向法租界遷移。日本驅逐艦「刈萱」號本晨九時由旅順開抵塘沽。

十一日

十一日晨便衣隊又進攻南關下頭南開興華橋一帶。千餘保安隊奮勇應戰，便衣隊不支，至天明六時許，紛紛潰退。當激戰中，北洋第二火柴公司一度被便衣隊占領，結果被保安隊擊退。又便衣隊潰竄西開窪一帶，強入民居。市民恐怖倍增，午後情形，嚴重不減於前兩日。入夜槍聲仍時斷時續。法租界斯日起戒嚴，每晚九時起至翌晨六時，斷絕交通，日、法交界之秋山街，驗查行人加嚴，日租界居民遷移者更多。

中日當局首次會談

張市長抗議提出後，日領事桑島，於斯日上午赴特一區張市長私邸拜謁會談。張市長提出請日當局顧全中外僑民生命財產，從速取締便衣隊，討論無甚結果。市商會、銀行公會及其他團體，斯日聚議，決定致電我國出席國聯代表施肇基轉向國聯報告津變經過，請國聯主持公道，迅速制止日軍行動。此外另電北平各國公使，請令各該國駐津領事，飭各國軍隊，在中日交界處三百米突內駐紮，暫作緩衝。

張市長再向日抗議

市長張學銘對日領提出第二次嚴重抗議，津市總商會等機關，公請省市政府，函約英、美、法、意四國駐軍至中日交界處我方退出之三百米達緩衝地帶內巡察，藉防事態擴大，紳商為救濟難民，又作一度集議，擇定法租界數學校為收容所，紅十字會及紅卍字會汽車開赴南市大舞臺附近收容難民，為當地警察阻攔，未能辦理，華界為收容難民，設立收容所三處，一在東馬路第一宣講所，一在天后宮，一在東門裡江蘇會館，南市各街公所並聯合募款，成立難民臨時醫院，斯日各界戒備仍嚴。

十二日

晨，槍聲稍止，華租各界戒備仍嚴。津市成立戒嚴司令部，張學銘任戒嚴司令，王一民任副司令。自上午九時起至下午二時止，各通巷准許行人往來，並令各商號開門營業。日租界各通巷添設障礙物，河沿一帶加設砲位。法租界萬國橋下午三時即斷絕交通。晚十時左右，閘口及萬德莊等處又發現便衣隊，均經擊散，據官方消息，自晨一時二十五分，海光寺西南日本打靶場發現便衣隊三十名，被保安隊擊退。三時二十九分，一區六所界內高家大院，發現便衣隊三、四名。四時一分高家大院又發現便衣隊二名。五時十分一區六所界內福安、華安兩大街發現便衣隊四名。六時半高家大院又時有便衣隊出現，均經擊退。一區六所三等巡官張福清於拂曉在西開窪一帶率警搜索，受傷，八時一區六所前後擊斃便衣隊五名。

各界決定救濟辦法

各界為救濟居民食糧問題，下午二時在銀行公會開會。決定：（一）一切救濟工作，由社會局之救濟事業聯合會辦理。救濟婦孺急賑，由紅十字會，紅卍字會會同華商公會負責。款不足時，由救濟聯合會救濟。（二）民食請當局對糧食來源勿斷絕，充量運輸。（三）據報南市大舞臺、昇平舞臺及群英舞臺附近，有因戒嚴不得歸家之婦孺壯男約六千餘人，絕食已達二日，現在逃出約四千餘人，尚有二千餘人，由紅十字、紅卍字會組織救護隊，其無家可歸者，送舊道尹署收容，有家者送回。（四）由各區區長共同議商救濟全市市民之食糧問題。（五）據調查特一、一六、一二、二一各區，死傷人民六十餘，由救護隊負責，死者抬埋，傷者送市立醫院醫治。（六）呈請省市當局，自十三日起，延長解嚴時間，由上午十時起至下午四時止，俾居民自由購物。又市府深恐奸商乘機操縱食糧，特訓令公安局轉飭各商限定時間，開門營業。此外市府並發佈告，准許便衣隊悔過自新，凡有投誠來歸者，破格賞洋十元云。

十三日

十三日在閘口一帶之便衣隊進攻甚烈，晨一時左右，槍聲之中並雜有迫擊砲，經保安隊猛烈反攻，至二時餘，始行潰退。河北陳家溝子一帶，晨一時亦有便衣隊發現，經保安隊迎擊，未得逞。六時一刻，南開丁公祠一帶又發現大批便衣隊，用機槍進攻。南市上平安亦有便衣隊出沒。河北小子莊晨二時餘發現便衣隊數百名，亦被警察擊潰。

十四日

十四日頗平靜。連日中日雙方協商解決辦法，已漸有端倪。十三日下午雙方曾開會討論，直至十四日晨始行議定，（一）自十四日上午九時起至下午三時止，在我方退出之三百米達內，自兩端開始，同時檢查便衣隊。（二）雙方約定，在搜查時若有暴徒反動，中國警察得還槍射擊。（三）已搜查完畢之地帶，日兵向租界後退五十米達，同時中國警察恢復崗位。自上午八時二十分保安隊第一大隊第七中隊隊員四十五人，由隊長趙冠軍指揮，自公安局門前出發，即沿海河至閘口與日軍會見，實行搜查。搜查程序，自閘口與海光寺外西端為東西兩起點。十四晨起始檢查，西由海光寺起，東由閘口起，由我國保安隊執行，日本當局亦派代表參加。搜查僅得嫌疑犯數人。搜查中間，日代表在南市附近迤西發現我國警士三名，竟指我方無誠意辦理，我方因事變發生後，有警士十數名不明下落，當向日方解釋，此三名警士，或即係此不明下落之十餘警士中者。中國方面絕非故意將警察留置該處，否則雙方既已議定搜查交界之辦法，則當然將該警撤回，何至使日人得見等語。日方仍表不滿，搜查遂臨時中止。故原定斯日搜查之中間南市一段，亦不克舉行。當晚省市當局復與日領事館解釋，日領事當表示請與日本駐軍司令部直接辦理。

延長解嚴救濟難民

十四日全市未聞槍聲，延長解嚴時間，自上午九時至下午二時。特二區及東馬路河北各處，已允許居民通行。日租界遷居者，仍絡繹於途，入夜亦平靜。津市戒嚴司令部宣告正式成立。發出布告云：「為佈告事，案奉天津市政府特字第一條訓令內開，為令遵事，本市宣佈解嚴，業令該局遵照在案，頃奉主席面諭，著以市公安局長張學銘兼充戒嚴司令，代理保安總隊長王一民兼充戒嚴副司令，特別第二分局長董芝芳，兼充戒嚴司令部參謀長，即由該員尅日組織成立，所有參謀長以下辦公各員，統由該局各科處隊現有人員兼辦，無庸另委，以省繁電。合函令仰該所即便遵照辦理具報，此令。」

又奉河北省府府第五六五二號訓令內開，查近日津埠反動份子受人嗾使，招收多數土匪，希圖破壞市面秩序，乘機擾亂，本政府為維持治安計，自本月九日，宣布臨時戒嚴，所有戒嚴司令一職，即由該局長充任，其副司令一職，即由該局總隊長王一民充任，除電呈副司令外，合亟令仰遵照辦理具報此令各等因，奉此，本司令等遵即於十一月九日，分別就職，除呈報暨分別函令外，合行佈告，一體週知，此佈，司令張學銘，副司令王一民。

十五日

十四日中日交界搜查因故停止後，我國當局派員向日領館方面解釋無效，日領並表示須與日本駐軍司令部直接辦理。省市當局為維護中外商民息事寧人計，不惜委曲求全，由當局親往接洽，張市長適抱恙。王主席樹常乃於本日下午五時後，先至英租界日總領事官邸，旋偕田尻、後藤兩領事至日軍司令部與日軍司令香椎會面。八時半始散，其會談結果，大體議定三項，其一為關於十四日在交界三百米突內所見華警之解釋，其二為關於宣傳之取締，其三為關於撤除防禦工事之初步辦法。詳細節目，尚待續商。惟十四日夜七時餘，南關美以美會方面，又發現便衣隊，人數頗多，租界各處，遂又聞見槍聲。搜查時則無蹤，不搜查則出現，可見搜查交界，事實徒勞。

日方提出無理要求

日本駐華公使重光十二日向外部抗議，謂依一九〇二年中日換文，中國軍隊不得於距租界廿里地內駐紮。津變發生，日軍二人、婦人一人被擊斃，日租界僑民生命財產，甚為危險，應請中國政府遵守條約規定，將軍隊立即撤退至廿里以外，否則日政府將採必要之行動。其因此而所生之結果，須中國政府負責等語。國府外交組十四日晚討論結果，以目下維持津市治安者，只為警察及保安隊，萬一果全市發生危險時，中國政府本有遣隊保護中外人民生命財產之義務，津變便衣隊多自日租界出發，日當局應負責任重大，請日政府飭日租界當局嚴厲取締，否則日本政府應負完全責任。日本駐津領事桑島，斯日函達我省府，請我方照辛丑條約，將軍隊調出天津二十里以外，我方十四晚已準備按以下三點答覆，（一）此次應付便衣隊保持治安，全係警察。（二）治安恢復，調開兵隊自不成問題。（三）河北省府對天津中外商民之生命財產，負有責任，此點請日方注意，並加體察。

國府向日本提抗議

關於天津暴動事件，國府已於十五日向日方提出抗議，全文如下：「為照會事，查自本月八日夜起，天津忽有大幫便裝暴徒，自日租界衝出，用來福槍、手溜彈等，襲擊中國政府機關，佔領電話局，及接近日租界之警察分所。中國當局為維持地方治安起見，當即令就近保安隊及警察為必要之抵禦。是時該暴徒等任意施用武器，致槍彈四處飛射，而同時日租界方面，亦有槍彈飛入中國管轄境內，在此混亂狀態中，中國方面警察人民死傷者甚多。至暴徒攻勢稍殺之時，日本駐津司令官忽堅決要求中國當局命令中國警察保安隊退出三百米突，否則將自由行動等語。中國方面為避免衝突起見，下令撤退，詎既撤退後，忽有砲彈約三十發，自日租界打入中國界內，檢查砲彈，發見有大正十五年製字樣。其他獲得之槍械，多係日本所造，被捕之暴徒供稱，由日人數名監視之下，發給大槍、自來得手槍、小槍、手榴彈，並給每名現洋四十元等語。查日租界當局，完全違反和平通商之宗旨，袒庇暴徒，以租界為陰謀策源地，並容許自界內出發，至中國管轄境內擾亂治安，攻擊中國政府機關，殺傷人民，危及各國僑民之安全。而其所攜武器，又係出自日方，當時曾經中國地方當局，迭向日租界抗議無效，是此次天津事變，日政府應完全負其責任。中政府保留提出適當要求之權，中政府正在備文抗議間，適接貴公使本月十二日來照，要求中國軍警撤退於光緒二十八年關於交還天津換文所定之距離以外。查天津日本駐軍附近，並無中國軍隊，而所有警察及保安隊，本不在該次換文範圍之內。關於此節，中政府以為遇有事態緊迫，非警察、保安隊力量所能彈壓時，中政府為保護中外人民之安全起見，或有調遣軍隊之必要，亦不能謂與上述換文之精神不符。惟此次事變，中政府為實行維持地方治安及保護中外人民之責任，僅命令警察及保安隊竭力抵禦暴徒，數日以來，地方秩序幸得賴以維持，為各國僑民所共見共聞。此項警察及保安隊，當繼續實行上述之責任，執行其應有之職務，一面應請貴國政府，迅令天津日租界當局，制止一切暴行，如不幸再有上述情事發生，日政府仍應完全負其責任。」

十六日

十六日情形較佳，十五日晚王主席樹常親赴日營會議，議得三條，約定十六日續由雙方派員會議細目。由中日委員集會於英租界中街之日本總領事官舍，華方出席者，為第二軍參謀長董芝芳及寧向南、沈迪家，日方出席者，為田尻、後藤兩領事，及日軍參謀一人，又憲兵將校一人，討論如何恢復交通辦法，其議決結果要點如下：

（一）華方自十六日實行將中日交界三百米達外，華方正對日本租界之臨時防禦工事，先行撤除。

（二）工事撤除後，即恢復三百米達內一帶地方之普通警察崗位，以代保安隊。

（三）電話局關係重要，仍留保安隊守衛。

（四）日本方面之防禦工事，俟華方既撤，然後撤之。

十六日夜王主席正在日兵營會議之時，而南關外尚發現數股，可見並未肅清。市中情形，大體安靜。閘口海光寺兩端，晚間亦俱寧貼，惟午後七時二十分左右，有巨砲一響，查明係發自南關大街寧家大橋南、海光寺北面。真相不明。

十七日

十七日晨九時雙方續在日本總領事官舍會議。據官方消息，中日當局繼續討論恢復三百米緩衝地原狀問題，已定有具體辦法數條。（一）於三百米之內及三百米之線上不置任何防禦物。（二）三百米內之保安隊，撤退至三百米外，代以武裝警察維持秩序。（三）雙方約定自今日起，由午前八時至午三時，為撤消原有防禦之時間。（四）雙方辦理撤消防禦人員往來時各持本國旗，以為標識。（五）公安局與電話局雖在三百米之內，惟為保衛上項二機關之安全起見，雙方同意認為有設相當戒備之必要云。華方撤除防禦事，已決自十八日實行。地點係由東南城角起至海光寺，分段辦理，撤除時工作人員不著制服，凡在三百米線上防禦工事，均照此辦理。我方撤除後，日方再撤，惟究竟日方何時始撤，則無詳確規定云。華界情形，略趨和緩。惟一般商民向各租界遷移者仍多，攜帶什物及零星傢俱者，地方崗警已不加干涉。至於市區各商號，則仍緊閉門戶。其中一部份市民需要商業，如當商，米麵鋪、煤炭業等，已有開門營業者，但為數極少。且均大門半閉。戒嚴時間，亦經縮短二小時，自上午八時至下午四時，均可通行。日租界方面，戒備仍重，非持有通行證者，不能通行。

此次事變，津市中外商民皆因市面恐慌，交通斷絕，營業上小蒙損失，但即此數日中，金融已形紊亂，物價大都上漲，居民莫不感受痛苦。幸地方當局事先知悉，防範嚴密，未發生搶劫之事，此乃不幸中之大幸也。（錄自民國二十年國聞周報第八卷第四十五期）

五　日人密輸武器煽惑蒙旗叛變

陸海空軍副司令張學良北平呈國府電

民國廿年十月八日發同日收

急。南京蔣主席鈞鑒：外交部勛鑒：○密。日人運輸武器煽誘蒙人反動一事，前經迭電報聞。茲悉日人此項舉動關係尤為切要。謹將迭次所接各處報告，彙陳如次：（一）據洮南縣長申振先江電稱，日軍運來軍械一車，兵士三十餘名，聞係接濟蒙匪。（二）據遼源縣長徐維新支電稱，日人煽惑蒙人蠢動，接濟械彈，冬夜由一棵樹站交蒙兵接收，計分裝十餘牛車，運博旗包統領營房之大壕地方，已集合蒙旗學生千餘，留日蒙生三十餘，並有日人居中策動。（三）據通遼縣長汪徵波支電稱，頃由四洮路線探得消息，南滿車一列計五輛，裝載軍火，並有日人押守，經四洮，於冬晨二時抵四鄭間一棵樹站，將車守及人員等驅入室中，熄滅燈火，割斷電話線，旋有蒙人數百，大車百餘輛到站，將軍火運去，一說係軍火兩車，送與博旗某統領收受。又據報江晚九、十時即洮間之玻璃山站，亦發生同樣情事。又遼源縣各鐵爐所存之扎槍頭，亦均被日人買罄。（四）據通運三畬棧經理榮久廷五日電稱，聞日人已聯絡蒙王，餌以保其王位，暗有歸附之意。現日人載運槍彈三火車至四洮線一棵樹站，交蒙王收訖。（五）據遼源縣長徐維新歌電稱，日人煽動蒙古青年首領甘珠濛訥希白雲杭專乘機獨立，脅迫素有兵權之博旗統領包善一，即任專博勒葛為獨立軍總司令，博明利害，堅不承認，業經監視。本縣紳商密勸佯諾，以免兵權落於青年過激之手，日後遇機反正，確具決心，此時被日人發縱指使之後，為青年迫脅，允任自治軍司令，最近期間即行發難，向通遼方面進展。日人接濟彈械頗為充裕，已到槍三千枝，彈百萬發，迫砲四門，機槍四挺，飛機二架，均係我省廠之物。日人利用蒙兵前驅，遂其擾亂目的，坐收漁利，西北各縣均在危險中。（六）據遼源縣長徐維新魚急電稱，日人煽蒙事發後，縣長以縣境接壤關係至大，當促與蒙王公接近人員分途切實勸導，近□有效。已請溫都王來縣參加維持會，復派蒙人劉善遙赴瀋接洽達王，並因博淋幫統業喜達互握有大部軍權，業經親與懇洽，勸其堅決反對。因是博旗歌日發槍時，乏人領用。幫辦韓包旺集二、三百人於大枌鎮，實力甚微，日內情形較屬和緩各等語。查以上各節，可否由鈞處摘要電知國聯，敬祈裁酌。至具報人員半在日軍強迫之下並擬不宣姓名。張學良叩，齊（八日）平秘。

第三節　政府之對日對策

一　中國國民黨告全國同胞書

民國二十年九月二十二日

日本乘我內亂未已、天災突起、死亡流離、救恤不暇之際，突以暴力施行侵略，十九日來佔我瀋陽，以及遼吉要地，多被蹂躪，強暴之舉，繼續未已，其行為之蠻橫，非特國際法規約章所不許，實亦世界歷史之創聞。我國家民族，受此重大之侵凌，凡有血氣，莫不駭憤。本黨秉總理之教訓，為救國而革命，中央職責所在，必以最善之良法，支未有之危局，深信公理如未淪喪，強暴必受裁制，亦深信吾同胞義氣奮發，各存寧為玉碎之心，至最後必要時機，必能為國家人格，為民族生存，而灑其最後之熱血。惟有欲為吾全國同胞告者，國家遘此非常之事變，必賴舉國一致之努力，尤必確認共循之徑途。救國禦侮，世上最艱難最嚴重之工作也，惟其嚴重，故決不可持之以輕心，唯其艱難，故必運之以極堅強之組織，我國頻年憂患，國力未充，致危召侮，事非一因，而最著之一點，則為缺乏團體動作之紀律。此次外患性質之嚴重，為從來所未有，欲期公理得伸，強暴斂跡，必須動作一致、步驟一致、聽統一之指揮、守嚴整之紀律，而後乃能造成整個之力量，以收切實之效果，於此原則之下，願為吾同胞指陳下列數事：一曰必須確實團結，應知當前祇有救國之一大事，宜以完成此一大事，為至切要之任務，在捍衛民族利益之大原則下，切戒一切階級畛域，乃至見解情感之分歧，世上任何動機莫不基於團結，臨大計而自為戰者必敗，當大事而交詆互讁者必亡，故一切言論行動，必須真實保持全國之一致。二曰必須堅定民眾，須知吾人當前之責任，為最嚴重之責任，艱危之局，非虛聲所能挽回，亦非僅感情衝動之表示所能有效，故吾人必須凜熱烈之情感，為堅強之力量，無時無刻，不作犧牲之準備，而一切必確守秩序，力戒矜張。須知他人之輕我者，在虛懦，則必力求堅毅，知他人之所希冀者，在發生枝節，則應慎防奸諜。三曰必須加倍刻苦，無論國家與個人，均應僉矢辛勤，加緊工作，於應付危局之中，培養國家之基本。須知民族生存之努力，不容一刻休止，吾人此時應痛切省悟於國力不競之由來。故一方面國家仍須努力於剿匪救災，而吾人民無論為農、為工、為商、為學，均不宜片刻荒棄其各自應有之工作。祇須全國國民，深刻認識，切實作隨時可以犧牲之準備，則國難無不可救，否則紛心無補於救國，而損失將適以資敵。以上三者，均為吾全國必守之教條，事變當前，已不容吾稍有徘徊與怠忽，切望以堅定之意志，強固之紀律，矢必死之決心，作持久之奮鬥，救國即以自救，禦侮即以興邦，轉禍為福，視吾國之努力何如，唯共圖之。（錄自民國二十年國聞周報第八卷第三十八期）

二　國民政府告全國同胞書

民國二十年九月二十三日

日軍在東三省暴行發生以後，我全國人民應取之態度，中央已有詳切指示，國民政府今以政府目前應付本事件之經過，及政府對於國民之希望，及其要求，以陳述於全國之國民；此次日本軍隊，在東省之暴行，其性質之嚴重，為空前所未有。此種事變，實於我國全國之存亡，有莫大之關係。當本月十八日日軍暴行開始之時，事前既無肇釁之事端，而其舉動，且與國際慣例及非戰條約衝突，乃竟公然侵佔我疆土，殘殺人民，戮辱我軍政官吏，且繼續暴行，劇加無已。日人所加於我國之侮辱，實為對全世界文明國家之威脅。國際聯合會之設立，本為限止戰爭，且謀合各國致力以防止侵略，此次事變起後，政府已立即將日人之暴行，報告於國聯，併要求第一步，先使日軍立即撤退。二十一日國聯行政委員會開會，對於停止軍事行動及撤退軍隊，已有決議，政府並已電請國聯行政院，一俟日軍撤退，應立即設法，對此蠻横事件，謀一極正當之解決。深信此次事件，苟經一公平之調查，國聯本其應有之職責，必能與我以充分之公道及合理之援救。政府現時，既以此次案件訴之於國聯行政會，以待公理之解決，故希望我全國軍隊，對日軍避免衝突，對於國民，亦一致誥誡，務須維持嚴肅鎮靜之態度。至對於在華日僑，政府亦嚴令各地方官吏，妥慎保護，此為文明國家應有之責任，吾人應以文明對野蠻，以合理態度顯露無理暴行之罪惡，以期公理之必伸。然為維持國家之獨立，政府已有最後之決心，為自衛之準備，決不辜負國民之期望。時至今日，國內一切糾紛，均應立時冰釋，全國同胞，悉宜蠲棄私見，一致團結，群集於國民政府之下，為國家謀安全，為民族求獨立。全國同胞，尤應確認非維護國家之統一，無以對外，斷不容以任何意氣情感，衝動中央所決定之方策與步驟，以影響一致救國之決心。政府於此困難艱鉅，承危處存之絕續關頭，當秉承中央方略，時刻注意，隨時公開於國人之前，望我同胞，其各信任政府，整齊步伐，一致聽中央之指導，誓死救國，以發揚我民族精神，值此水災當前，恥辱更甚之際，願與全國同胞，共相警勉者也。（錄自民國二十年國聞週報第八卷第三十八期）

三　中國國民黨四全大會對外宣言

民國二十年十一月十四日

中國國民黨第四次全國代表大會，對於日本違反國際公法、國聯盟約、非戰公約與華盛頓九國條約，破壞國際和平，肆意侵犯中國主權獨立，及領土行政完整之嚴重情況，認為不僅中國存亡所關，亦為世界人類安危所繫，謹代表全黨及全國人民之堅決意志，宣言如下：

九月十八日日本軍隊，襲取瀋陽，相繼進佔遼、吉兩省之各重要城市，至今瞬將兩月。當事變之初，中國即提請國際聯合會處理，期以國際間保障和平機關之制裁，伸張正義與公理。國際聯合會行政院，於九月三十日全體一致議決，限令日本撤兵，並規定其撤兵完成之期，在十月十四日行政院舉行下次會議以前，此項決議，且經日本正式聲明接受。乃在此期間，中國政府尊重國聯決議，極力避免衝突，加意保護日僑，使無任何不幸事件發生，而日本軍隊，不但無絲毫撤退表示，反以飛機襲擊錦州，破壞北寧鐵路，擴大佔領區域，增派軍艦，示威於沿海及長江各埠。於是國聯乃有十月十三日提前之集會，於十月二十四日，除日本外，一致通過決議，明確限定日本於十一月十六日以前完成撤兵，由中國政府接收所有日兵佔領之各地方。中國政府復尊重國聯決議，除依據該決議，派定負責接收人員通告日本政府外，並履行中國方面關於該決議之其他一切義務，且中立國視察員亦早派定，乃日本蔑視前項決議，概置不理，並拖行種種之破壞與阻撓，使中國與各友邦，共同努力之和平，無法實現。嗣十一月二日白里安議長致日本覆文，聲明議決案仍有充分執行力量，不承認日本在東三省之條約權利與日本人民生命財產之安全，有相互關係，並喚起日本履行其迅速撤兵之義務。乃日本不但延未徹兵，而且增兵不已，進佔洮南等處，屢次進攻通遼，襲擊嫩江之中國軍隊，圖謀進攻黑龍江省會之齊齊哈爾。復在遼寧、吉林，唆使中國土匪及復辟黨，組織非法政府，進行獨立運動，予中國以實行接收之困難。又在營口、長春等處，提取鹽稅收入，直接破壞中國之財政，間接影響中國履行對外經濟負擔之能力，復自十一月八日起，竟在天津日租界利用匪徒，給予武裝，由該租界出發，襲擊中國公安局及其他行政機關。且自日本兵營迭次發炮轟擊中國管轄之境，不但為各國人士所共見共聞，而且砲彈槍械證物俱在，似此不宣而戰之敵對行動，其毒辣實為世界所僅見。是不特違反一切國際條約、國際公法，且係對於文明、對於人道、對於國聯盟約、非戰公約、與華盛頓九國條約之直接破壞與挑戰。在此時期日本仍藉口其所提五項基本原則，堅持中國須先承認進行直接交涉，是日本明明欲在其兵力威脅之下，強迫中國承認其要求。中國國民對於日本向國聯狡詞飾辯，所謂條約權利之主張，證以九月十八日以來日本方面之行動，為國際公約之尊嚴計，不能不發下列五端極深之疑問：（一）國聯盟約是否有效？何以日本能不顧盟約之規定，公然違反國聯之決議；國聯是否應援用盟約第十五、第十六兩條之條款，與以正當之制裁？（二）非戰公約是否有效？何以日本軍隊向我中國軍隊公然進攻，竟以武力實施其侵略之國策，簽約各國對其背約舉動，是否應速加以糾正？（三）華盛頓九國公約是否有效？何以日本公然侵犯我主權獨立，與領土行政之完整；簽約各國對其背約舉動，是否有所挽救？（四）日本在中國領土內之租界，是否限於和平通商居住之通則？其在天津利用租界地位，以為破壞中國之陰謀策源地，是否為條約所許可？（五）為保證中國對各國應履行債務之鹽稅，而日本竟任意提取，其破壞我國財政固不待言，抑此等舉動，又是否為妨害我國履行條約義務之行為？似此脅令我國單方尊重其所謂條約權利，而其自身則蔑視條約，乃至破壞條約之舉動，層出而不窮。是日本將不僅為破壞國際和平之禍首，亦且為破壞條約尊嚴之罪魁。現國聯行政院即將重行開會。本大會謹鄭重喚起國聯會員國，及非戰公約、華盛頓九國公約簽約國之嚴重注意，俾知日本自九月十八日以來，早已視國聯公約如廢紙，中國主權獨立及領土行政之完整，已為日本實際破壞。本大會堅決主張國民政府應速準備，實力收回東三省，保障中國領土之完全，勿令其有絲毫損失。並望國聯於此次開會時，執行盟約第十五條及第十六條之規定，迅速予日本侵略行動以有效之制裁。更望非戰公約與華盛頓九國條約簽約之友邦，履行其各該公約上之義務，務使遠東及世界和平，不致為日本所破壞，正義人道，不致為武力所屈伏，國聯及國際條約之尊嚴，不致因此而失墮。日本武力佔領東三省，至今已將兩月，中國忍耐至今，已至最後之限度。如日本繼續蔑視國聯保持正義之張主，不顧國際公約之尊嚴，而國聯及各友邦無法履行其簽約國神聖義務之時，中國民族為保障國聯盟約、非戰公約及華盛頓九國條約之尊嚴，及執行民族生存自衛權，雖出於任何重大之犧牲，亦斷不恤，為生存自衛而抵抗，為獨立國家應有之權利，亦國際公法所允許。本大會自當領導我全中國民族，奮鬥到底，誓不稍屈於橫暴武力之下，以保持國際之正義，與完成我簽約國對於國際公約之神聖責任。謹此宣言。

四　中國國民黨四全大會對日問題決議案

民國二十年十一月二十日

日本以武力侵佔我國東三省領土以來，國際聯合會兩次決議，令日本在中立國代表觀察之下，限期撤兵，關於決議案所付與之義務，中國政府已完全履行。日本不唯置國際公意于不顧，且益肆其陰謀與暴力，一面教唆各種反叛運動之進行，一面以武力節節北進，擴張其侵佔之區域，致中國在黑龍江省之少數軍隊，不得不為正當之防衛。現在形勢日趨嚴重，在國聯重行集會期間，日本已以武力攻陷黑龍江省城齊齊哈爾，侵佔地帶，愈加擴大。而國際間保障公道之權威，漸有為日本強權屈服之危險，全世界國家所賴以保持平和生存之一切國際公約，行將陷於破壞之厄運。本大會為保障國家之生存與國際正義、世界和平，茲更鄭重為下列之決議：

一、中國黑龍江省政府主席馬占山對於日本軍隊進攻之正當防衛，不獨為保障中國國家之領土，尤為保障國際正義與世界和平之存在，亦即為國聯盟約、非戰公約、九國條約及一切國際公約之存在而犧牲。本大會鄭重喚起國聯各會員國及非戰公約、九國條約各簽約國，對於其自身所負神聖義務之真實的注意。

二、國民政府對於日本侵佔東三省行為發動以來，一切對內對外所取之政策及臨機處置，本大會認為確能盡忠於國家與民族。茲更鄭重決議，今後關於捍衛國權，保護疆土，本大會授與國民政府以採取一切必要的正當防衛手段之全權，望益勵其忠誠，為保障國家生存與世界和平而奮鬥。本大會願領導全黨同志、團結全國國民，以整齊嚴肅之精神，與政府同為積極之努力，並不惜任何犧牲，在精神與物質上為政府之後盾。

本大會更以至誠告我全國國民，我國之奮鬥，並非孤立，世界各國之擁護正義與和平者無不同情於我國。即日本國內主張公道之國民，亦無不以其軍閥所持者為害人自害之政策。我全國國民堅持其團結一致，以保障國家生存與國際正義與世界和平之決心，信任政府，努力奮鬥，則最後勝利終在我國也。

第四節　日本佔領東北實況

行政院秘書處致外交部函

民國廿一年十月十三日

奉院長諭：「准中央執行委員會秘書處函送中央民眾運動指導委員會轉報最近日本經營東北實況一案，應交外交、教育、內政、交通、鐵道、財政、實業、軍政各部參考」等因。除分函外，相應抄同原件，函達查照。此致外交部。計抄送最近日本經營東北實況一件。

行政院秘書長　褚民誼

最近日本經營東北之實況

東北淪亡將逾兩年，自熱河失守，各地義軍先後被圍潰敗，中國政府本一貫的一面交涉，一面抵抗的外交政策，而放棄熱河，而撤兵灤東，而塘沽協定。日本方面之經營東北，遂亦由於軍事佔領而漸趨於政治統治及經濟建設之途徑矣，茲將其最近顯著之事實分別概述於次：

一　政治方面

（一）實施「造奴」、「教愚」之殖民地教育

帝國主義者，所希冀於殖民地之人民（一）殖民地所有之一切力——人力及財力——能供給帝國主義應用。（二）殖民地人民永久不反抗帝國主義者之榨取與剝削，教育便是完成帝國主義這種目的之工具，如帝國

主義者在殖民地所施的教育，一方面是要教愚，利用種種麻醉的、迷信的、落後的、奴隸的、復古的材料，來消滅原有的民族精神，而減少反抗的力量，一方面要教奴，造就一般專給帝國主義者做走狗的奴隸，非依靠帝國主義者不能生存，日本帝國主義者領據東北之後，便竭力來施行這種教育，取消高等教育而代以職業教育，他們的目標是製造東北為產業國。在教育思想方面，極力提倡尊孔，念五經四書，恢復私塾制度；在社會方面則利用道院、同善社、道德會、卍字會等組織，散佈樂天安命的苟安懦怯思想，以消滅民眾的反抗精神，下一段新聞便充分表現日本對於東北的教育方針（滿洲報新京（即長春）十七日滿洲國通電）。

滿洲國關於教育實施方針，考慮如左之特殊事項：（一）為產業國。（二）都會及村落之人口分佈狀態未能平均。（三）交通之不便，既考慮以上之特殊事項，故關於設置教育機關，如於一定之形式下而統一之，不拘都會村落，均使用同一形態，殊不可能，且缺欠妥當，故本部以為如其於設置高等教育機關，莫若專以實務教育機關之整備為目標，使都會地與特別區域設立形式的學校，而對於各村莊既存之私塾機關，加以獎勵助成之，以施行普通實務教育為主眼，努力發展實業教育，此即對整備教育機關應邁進之具體方案。……

日本人要把今後的東北，造成個產業國而提倡實務教育，所以凡關於獨立國國民應有的高等教育學科，及關於發展民族思想的，如歷史、地理、國語、國文等科一概取消，關於這種教育機關裁撤或改革。東北原有的一切普通中學，都次第改為不同的生產的實業學校，如遼寧省立林科高中，每週課程改為英文三小時，數學三小時，經學三小時，而養蠶科竟達十二小時，史地科取消，國文改授日語。校名雖為林科，而實際不過專為日本造就養蠶的奴隸畢業生，非依日人不能生存，待遇如何，任其操縱。

日人藉口村莊人口少，便不准設立形式學校（即正式學校），而獎勵私塾，其實在城市中亦提倡私塾，以瀋陽市而論，一年以來私塾增至六十餘處，安東市亦增至二十餘處，私塾之教師多為清末秀才一類人物，滿腦尊孔忠君之腐敗思想，正合日人對東北民眾之教愚政策，不啻日人之懷中密寶。日人除改革學校提倡私塾而外，在社會教育上做了什麼勾當呢？抄錄下面一段新聞便可知其梗概了。

（奉天三日滿洲國教育部通電）

滿洲國協和會奉天地方事務局，為對一般民眾宣傳建國精神，使洞悉民族協和之要諦，並謀澈底普及起見，利用在安東鎮山之觀音會，及大石橋、鳳凰城等地之娘娘廟會等會期間，對數十萬之各民族，開始一大宣傳工作，以期收效之廣且普也。

他們怎樣宣傳呢？

一、散佈宣傳單——建國精神之普及，謳歌王道政治民族協和之強調，打倒三民主義和共產主義，強調自力，恢復農村。

二、普及國旗——赴會人每人均須佩布製或紙製國旗。

三、普及會旗——赴會的會員、職員均須佩布製或紙製會旗（即滿洲協和會旗）。

四、映畫公開——映射「建國之春」、「協和結成」等影畫。

五、放送無線電——於開會期間由新京奉天放送局放送宣傳新聞之無線電。

六、派遣女大鼓——派遣女大鼓若干組，至各地宣傳當局（按：指日人）作詞之「警世國民歌」及其他宣傳。

七、公開設施——無料（即不取費）診療所、無料茶飯所、無料施藥（即仁丹）。

日本人不但在公園廳會娛樂場等地，乘機宣傳，並且時常派當地的縣長、教育局長、課長、在指導官、指導員、領事館書記（日人）的監視下，到鄉間去宣傳。他們除了講演之外，映畫片時電影或是說大鼓書，最後要送給來所的人一些梗果餅乾一類的東西，他們也帶著醫生，有病的鄉民還可以不化錢的給治，有時打起很大的蓆柵，招待來所的人吃飯喝茶，中國人看不起的鄉民老百姓，日本人反拿他們當寶貝，其方法之巧，用心之毒，具令人驚懼。

關於民眾方面迷信的事情，日本人都極力提倡，廳會時滿鐵會社特別開減價乘車之例，選派寺廳佛道喇嘛等代表到日本國內去視察傳習，下面便是這段新聞：

（新京十五日通電）

為統制在滿之宗教國體及文化向上起見，文教部、禮教部曾研究奉天教育廳應選拔在奉寺廳代表十名佛道喇嘛等教，各出代表，決定立秋九月赴日本視察傳習，期間預定一個月。

（二）提倡社會惡習

（安東市東邊商工日報五月二十一日載）

「本埠鴉片小賣事宜，業經政府指令開始營業，並由官家發給吸煙人吸煙證等情，已誌本報……」可見賣鴉片是政府指令開始營業，官家發給吸煙證，是保護吸煙人之意。

又該報廿日載「本埠安東區，鴉片專賣總批發處經理梁聘三，現奉財政部鴉片專賣公署指令第四十號內開，茲依鴉片法第五條之規定，指令梁聘三為安東區鴉片專賣總批發處經理……」

又該報同日載「……茲據關係人云關於鴉片吸食證之期限，查第一次所發之鴉片吸食證已規定限於大同二年內為有效，由大同三年起另規定之云。」

由以上新聞，可知日本在東北利用偽組織之政治勢力，毒化東北民眾之一斑矣。

日人既利用政治勢力以提倡吸煙種煙，而一般慕利流氓遂乘機而起，肆無忌憚，大做其投機營業。從前為社會所唾罵之煙館，亦名之某某公司；賣煙之流氓，稱為某某經理；倚煙歌女，稱之為女招待，煙館門前及報紙上，均可大登廣告，以廣招徠，擇錄此項新聞一段於後：

（五月廿三日東邊商工日報載）

本埠後聚寶街榮安公司鴉片零售所，自經財政部鴉片專賣公署指令後，即開始營業……該號規模宏大，內容寬濶，……現由公署頒東多數吸煙證，凡吸煙者至公司領證，概不收費，以示提倡，該公司除賣土外，並且開燈，備有多數單間，任吸煙者自便，招待殷勤，侍候週到。

經日人利用偽組織政治勢力之提倡及一般無恥民眾之不自愛所造成之鴉片成績如次：

（五月三日滿洲報載）

日本營口領事荒川克雄氏於二年時間，為縝密之調查，得精確之統計調查，滿洲國吸食鴉片者，奉天省約有十四萬三千人，吉林省約有九萬七千人，黑龍江約有七萬四千人，全國統計約有吸煙者三十一萬四千人，至鴉片之輸入額數，每年奉天省約一千九百三十萬兩，吉林約一千三百七十萬兩，黑龍江省約三百一十萬兩，全國總計輸入鴉片約有三千六百餘萬兩……。

按上述調查是否精確可靠，雖不敢斷定，但鴉片在東北為害之深，必較以往為烈，可斷言也。常此以往，將來更不堪設想矣。

鴉片之外，花會賭局到處皆是，市民因押花會之失敗而尋死瘋顛者，不可勝計，無論男女一醉心押會，則每日全部光陰盡為所犧牲而不自覺，其因押會失敗而失節、破產、失業以至自殺者，報紙日必數起，偽組織不禁止，且依之而獲利焉。

娼妓事業更加提倡，華人妓館，較前發達外，又加以朝鮮及日本妓館，到處設立，由官方發給執照，加以保護，從中課稅。

總之日人對於東三省民眾除強力壓迫外，更促成其腐化墜落。

（三）向東北積極移民

東北事變後，日本屢次作有組織的向東北移民，然以各地義軍活動甚烈，其移民計劃，多遭慘敗，即原有之僑民，亦有因特殊關係而紛紛回國者，惟自塘沽協定後，各地義軍消聲斂跡，日人移民政策又復積極，茲將其最近之具體方案，抄錄於後：

（六月九日奉天民報載六月六日新京國通電）

關東軍特務部朝鮮總督所組織之移民會議，於七日十時在特務部會議室開會，各關係技術官亦均列席該會議，即按以前小磯參謀長之赴東京，與拓務省當局協議之對滿洲移民大綱為基調，關於樹立之具體方策均為重要之協議，據確實所聞，該會議內容如下：

一、 內鮮人民之根本調整統制及自作農之經營問題。

二、 移民與土著民之融合問題。

三、 各關係機關一致設置移民統制之新機關問題。

四、 關於設立滿洲農地開拓會會社之基礎的調查問題。

這個會議開過之後，過了一星期，便產生了一個具體辦法如下：

（奉天民報六日新京國通電）

在滿洲開發有大期待之農地開拓會社，原定資金四千萬元之日滿合辦株式會社，日本側為現金出資，滿洲則為土地出資，俟兩國間成立協定後即當成立，惟其計劃及規模之遠大，有慎重考究之必要，其會社之設立，至少要一年之期間，前日特務部之移民會議，與各關係當局協議之結果，鑑於不可一日忽視之現狀，認為有至會社設立暫行期間之必要組織，遂決定以在滿洲從事土地業務極有經驗之東西勸業公司為暫定的機關，關於租與土地及其他移民事務均可代行。

（四）日滿通信機關之合併

自「日滿合辦通信會社之協定」成立，則全東北所有之有線電、無線電通信事業，悉歸併於日本政府統治之下，而美其名曰「合辦」。

（大連泰東日報五月十八日新京國通電）

關於設立日滿合辦通信會社之協會，於本月十六日午前十時，在國務院發表全文，當即附議於本日參謀府會議，經過執政裁可之後，於十七日即為一般之公布，其協定全文於左：

日本政府及滿洲國政府，於關東洲與南滿洲鐵道附近屬地及滿洲國行政權下之地域，希望合辦兩國政府所有之電氣通信設施之經營，因此認為有設立日滿合辦股份公司必要，茲其條款已成立於左：

第一條　日滿兩國政府協力，以設立日滿合辦之股份有限公司，至關東洲與南滿洲鐵道附屬地及在滿洲國行政權下之地域，經營有線、無線之電氣通信事業，本項之電氣通信事業，不包含鐵道及航空事業所附帶者，並官署警備專用者。

第二條　本會社之資本金為日本國通貨五千萬元，但受日滿兩國政府之認可，得增減之。

第三條　……………。

第四條　日滿兩國政府在關東洲與南滿鐵道附屬地及滿洲國行政權下之地域，各以現在兩國政府所有之電氣通信施設，以充其所出之資本，現行之電氣通信施設，不包含鐵道及航空事業所附帶者，並官署警備專用者……。

第八條　本會社的財產所得及本會社登記及登錄，並本會社需要之物權，均在關東洲與南滿鐵道附屬地及滿洲國行政權下之地域，免除租稅及其他一切公課。

第九條　本會社關於土地之收用、電線路之建設、交通機關之利用、經費之征收及其他事業經營上之必要事項，與從來對官營事業同採容許其特權。

第十二條　本會社定款之變更，董事及監查員之選任及解任，社債之募集，料金之決定及變更利息金之處分，合併及解散之決議，營業每年度之事業計劃，並關於電氣通信之業務協定之締結，或通氣通信之設施及屬於其附屬設備之物權讓渡事，須得日滿兩國攻府之認可。

第十三條　日滿兩國軍事官憲關於本社之事業，得於軍事上發下必要之命令，及對於本會社之設施於軍事上得必要之措置，因此對於本會社蒙有損害時須補償之。

第十四條　日滿兩國政府以本會社之設施為鐵道、航空、警備及其他之目的，得全其供給必要通信之用。……

第十六條　日滿兩國政府認為本會社有解散之必要時，得以正當之價格，以收買本會社所有之電氣通信設施及其附屬設備。

第十七條　關於本會社在本協定所規定外，更於日滿兩國政府間另訂一其他協定，以補其缺如。

第十九條　日滿兩國政府各設以十五名之設立委員於兩國政府監督之下，以處理關於會社設立一切事宜。

（五）交通事業之擴充

日軍在東北苦於義軍及土匪之出沒無常，無法剿滅，故極力在各縣擴充汽車路及飛機場，以為軍事上之準備，現在已修之汽車路及飛機場不可勝計，即如東邊鳳城縣第三區龍王廟，雖一小鎮，亦闢飛機場一處，目的在防義軍之擾亂，而便於圍剿。錄關於此項新聞一則於左，以窺見其一斑。

（五月廿三日東邊商工日報載）

鳳城縣第三區龍王廟地方去年曾將匪首鄧鐵梅擊退，該地居民方得安居樂業，茲因駐紮該地之日本守備隊為保安地方秩序起見，擬在龍王廟設置飛機場一處，已覓妥場所面積七百餘畝，於月之廿日招集該地原業主議價收買，並招工開始建築，限期竣工。

（六）統制地方自衛團

東北民間所存槍枝頗多，九一八事變後，幾全為義勇軍搜去，及熱河失守，中國政府下令停止義軍活動後，各地義軍及土匪先後被困投降。當時日人為和緩義軍死力抵抗計，凡投降者，均保存原有實力，不予徹職，且為之編制而予以名義，以滿足其升官慾。在此時期，偽國軍隊複雜，已於五十人編一連，一百人編一團，比比皆是，甚至官多於兵，有官而無兵者頗多。收編之後指定地方駐防，餉糧給養，任其向地方搜刮，久之地方抱怨，日本人即藉此解決之，槍斃官長，兵士繳械。投降偽國而落如此下場者不可勝計，其幾經淘汰而幸存者，為殘留地方之保衛團、自衛團、保安隊等組織。塘沽協定之後，日軍在東北可以高枕無憂矣，於是乃有整頓自衛團、保衛團、保安隊等組織之計劃，其計劃如左：

（七月廿九日泰東日報新京國通電）

滿洲國之警備機關，除軍隊及警察外，尚有特殊存在於各國之自衛團、保安隊、保衛團等。其本質如下：一、由歸順之兵匪改編者。二、由原有之民眾自衛團編制者。三、基於保甲制度純然之自衛團。

以上三種之總數約達十萬人，雖有相當勢力，然無統一之統制機關，難免弊竇叢生，民政部警務司鑑於此事，速為考慮，特擬組織統制機關，不久即將其計劃公佈實行。

總之自塘沽協定後，日本在東北，在政治上之邁進可記述者頗多，新生以為塘沽協定，政府對於愛護平津可謂煞費苦心，而對於東北之影響，實不堪聞問，現在東北大多數人心理，視政府已將東北放棄，縱無條約規定，而實際措施，確乎如此。該協定之結果，不外二端：（一）消滅東北民眾抗日之精神及行動。（二）助長日人經營東北之決心。

二　經濟方面

（一）利用關稅政策獨佔東北市場

自日人奪取東北中國海關後，計劃的修改關稅稅率，一面封鎖東北物產原料，以專供己用，並用教育的及政治的勢力，企圖將東北之經濟造成物宗主國（日本）之附屬體，即其所號稱之「產業國」也。一面提高其他國貨物之進口稅，以阻滯其他國貨物之傾銷，而保其獨佔之地位，故一年以來，中國內地貨物不能再入東北，使東北商號全變為日貨之代理店，結果凡以販賣中國貨物為主要貿易之商店，逐漸倒閉，而販賣日貨之商店逐漸興起，純由日人經營之商號，更如雨後春笋一般發展起來，東北整個市場，已為日人獨佔。

（二）製造東北實業國

如前所數，在教育方面，日人努力造成殖民地所需要之產業人材，以供其用。在工業及農業生產方面，亦努力造成殖民地之經濟，以培養其本國之實業，蓋日本與印度之通商條約廢除時，日本由印度所購之十餘萬噸棉花，失掉來源，於斯日本遂決定以東北為紡織原料生產地，其方法由偽組織分令各縣，凡可種植棉花之地，勒令種植，且春季給價，秋季收貨，農民苦於春耕資本之缺乏，亦樂從之。據奉天商工日報所載，此項棉花種仔安東一縣分攤二十蔴袋（每袋約二百斤），其餘各縣亦比例分攤，又如糖蘿蔔一項，亦勒令各縣政府分飭農民種植，以供給日本製糖業之需要，此種辦法，美其名曰農業指導辦法，所謂產業國者如此而已。

（三）歸併東北之金融機關

日本為統制東北金融計，乃合併東北一切金融機關，甚至與金融事業有關之保險業亦改為國營，為統制金融乃設立「新興金融社」，為國營保險事業乃設立「國家生命保險會社。」

（五月十七日泰東日報載）

滿洲國財政部為全滿三十萬民眾生活安定，須實行國內保險業之統制管理，樹立保險國營計劃，其於保險業之命令及其實行細則已起草終了，不日送交法制局審查，至六月中旬公布，八月一日即可實行。以原則上改生命保險為國營，中央新設保險局，以圖保險系統之單一化。至於損害保險，則設立日滿合辦會社，合併幾多之小保險會社，以圖統一。現在全滿有本社及營業所百餘處，對於現存生命損害會社，一社供託二萬元，圖保險業之信用向上，一方其近不良業者之排除，更圖保險業之健全發達與促進，其供託總額當達二千萬元之巨額，供託之原則以現金供託，當亦承認金建之建國公債，因此必須停止營業之小會社，當達四十社之多數，殊予在滿保險業者一大衝動。新設之滿洲國保險局，財政部擬以交通部所管各地郵政局辦理之，參酌全民眾之生命程度，契約秘密限制與日本簡易保險相同，以五百元為限度，為無診察之加入，極力避免現在保險會社營業不當之壓迫，將來內容充實，契約額及利限均隨之而高，並開始辦理團體保險，虛弱者保險等之方針云。

以上國營保險實行後，東北民眾血汗將大量的被其吸收利用，而現有之華人保險業必將被其奪取矣。關於金融機關之整頓有如下之辦法：

東北於事變前，當局濫發紙幣，漫無限制，以至奉票毛荒，直至奉票六十元始能折核現大洋壹元，金融上所受影響極大，至吉、黑、熱河，亦均有相類似而且更壞之情形。事變發生後，日人佔據東北，對於奉票極力維持，其價格照舊，惟自去年（廿一年）七月改東三省官銀號為偽中央銀行而發行偽中央銀行紙幣，以期逐漸收回原有各種紙幣，而統一東北幣制。一年以來成績頗有可觀，迄至今日收回之奉票，已達六六、四八四、○二七元（屆至今年五月止），期於一年之內將舊奉票完全收回，其收回之黑河馬大洋票及熱河票，亦不下九百萬元，現在全東北之稅關完全通用偽中央國幣，市場上已很少見奉票之流通矣。

以前東三省官銀行之附屬營業，有糧棧、當舖、錢莊及其他營業，自偽組織改之為偽中央銀行後，一切附屬營業照舊，由偽行統制，現在鑑於該附屬營業有獨立擴充之必要，於是於長春以資本金一千萬圓，成立「興業金融株式會社」，並於奉天設立「公滿公司」，於吉林設立「永衡公司」，於黑龍江省城設立「齊會公司」，於哈爾濱設立「江豐公司」，而各公司又各出資本金百萬元以資擴充營業。

（四）擴充產金計劃

日本取得東北之後，除整頓舊有財源外，並猛力計劃開發富源，以冀金融資本之猛進，茲將其擴充產金計劃述之於次。

（泰東日報五月十一日國通電）

日本各殖民地之產金經當局保護與獎勵之結果，現在每年產額，朝鮮約一千萬元，臺灣約五、六百萬元，日本國內約一千五百萬元，共計約三千萬元，而拓務省鑑於內外之情勢，本年度又獎勵殖民地及滿洲如左之事業，以期產金政策之完璧。

一、滿洲方面對於滿鐵會社許可以五十萬元之財團法人，設置產金調查機關，惟產金地帶，除滿鐵附屬地之外，為吉林省西北部及黑龍江省西北部，惟同處界於俄領之黑龍江一帶，據稱屆至今日，日產金約四億元，更謂最近熱河省埋藏岩，亦甚豐富云云，故俟滿鐵會社調查後，拓務省更探取專門家之意見，再當以數千萬元之資本，創立日滿合辦之產金會社。

二、朝鮮方面最近獎勵費及分析保護費、金礦調查費等，為年額三十萬元，此乃圖產金增加之方針也。

三、臺灣方面由八年度起，產金補助費年額十萬元，此為補助費之方針也。

（五）擴充鋼鐵業

日本國內重工業，不能發達，其所用機器大部均仰給於歐美，其主要原因，即國內煤鐵產量不足，遼寧省之本溪湖及撫順兩大煤礦被攫取開採，其產量之旺，除供給日本全國應用外。東北各省及中國長江一帶亦仰其供給，自現在止，東北各地所用之煤，概須向日本購買。煤之問題，日本因有東北之產量已得解決，九一八事變後，乃積極圖鋼鐵業之獨立自給，前在遼寧鞍山設大規模之「昭和鋼鐵所」及本溪湖之鋼鐵所，均以鍊鋼為中心，現在昭和鋼鐵所，又加改組與擴充，以期產量之增加，據其所發表之內部新組織如左：

總務部——部長（常務取締役）富永能雄
營業部——部長（取締役）南治之助
採鑛部——部長（取締役）久留島秀三
銑鐵部——部長（取締役）梅根常三郎
工作部——部長　矢野耕治
臨聯建設部——部長（兼）伍堂社長
研究所——所長（不詳）

（六）歸併東北鐵路計劃

日本對於東北鐵路計劃，第一步強制修築吉會路，即延長吉敦路與朝鮮相接而達清津港（實北滿之吞吐港其重要等於南滿之大連），如此則完成其北滿鐵路網之計劃，此計劃現已完成，於軍事上及經濟上均極重要。其第二步即將東北所有之鐵路，以聯運為目的，完全歸於南滿鐵路株式會社統制之下，將朝鮮與東北造成一大鐵路網，第三步將中東路攫取造成全滿蒙之大鐵路網，現在四洮、洮昂、吉長、吉會、瀋海、吉海、奉山（北寧路關外段）、南滿、安奉，打通各路已實行聯運，一俟中東路完全到手（現在已大半歸其支配），則滿蒙大鐵路網之完成，乃指顧間事。第四步即與英人進行收買北寧路關外段之英國股分，則東北即完全成日人之鐵桶疆山矣。

其他東北狀況當繼續呈報。謹呈中央民眾運動指導委員會。

遼寧特派員張新生呈，八月一日於本溪。

第二章

中國對外交涉

第一節　中國將東三省事變照會各國

一　中國提請國際聯盟解決中日糾紛

外交部致駐法國使館電

民國廿年九月十九日

密。頃據各方消息，十八日晚，瀋陽日軍突然攻擊北大營，我駐軍均被繳械，旋向瀋陽城內攻擊，十九日晨，瀋陽全城被佔，同時在長春寬城子等處解除華軍武裝，朝鮮日軍正備出動等語，查日軍近來屢在東北挑釁，始則越界演操，繼則積極備戰，日本軍人謀我東省之野心暴露無遺，現雖據日本官方消息，認此次衝突為不幸，已電令日軍長官勿令擴大等語，但日本政府果能制止軍人行動與否，尚不可知，日軍似此行動，實故欲破壞東亞和平，顯係違背國際聯合會盟約及非戰公約，仰向駐在國政府切實接洽，並探詢其態度，迅速電部為要。外交部，十九日。致駐法使館電，於電末端外交部三字之上加上下列一句：「此電用航空快郵轉駐德比兩國使館」十九日。

外交部致駐爪哇等領館電

民國廿年九月廿一日

Sinoconsul 爪哇、海參威、新加坡、金山總領事館並轉南洋、俄屬、英屬、美屬各館，廿日電悉，日軍自十八日夜起，先後佔據瀋陽、安東、長春等地，砲擊各機關及兵工廠，軍民死傷甚多，我軍絕未抵抗，似此違背國際聯合會盟約及非戰公約，實屬故意破壞東亞和平，本部已向日本兩次提出緊急嚴重抗議，要求日軍即刻完全退出佔領區域，並電國際聯合會施代表等，正式提請依照盟約辦理，同時分電非戰公約各國，仰向駐在地各界宣傳真相，並撫慰僑胞為要，外交部。

外交部電致駐歐各使館

民國廿年十月九日

Sinolegate London, Sinolegate Berlin 並轉駐歐、南美（除華盛頓）各使領館，Sinoconsul 爪哇、海參威、新加坡並轉南洋、俄屬、英屬各領館。密據張副司令電稱，八日下午二時，日飛機十二架在錦州擲炸彈四十餘枚，並用機槍掃射，死交通大學外國教授一名，工兵一名，平民十四名，傷平民二十餘名等語，查遼省府及東北邊防司令長官公署，現均暫設錦州，日飛機竟對該地轟炸死傷多人，實屬橫暴已極，除電施代表緊急提出國際聯合會外，仰即轉告所在地政府並設法公布為要，外交部，十日。

外交部致我國駐英法美使館電

（譯文原稿係英文存英國卷）

民國二十一年五月十二日發

目下日本實際已將灤東各處全數奪回，且明顯企圖越過灤河，同時並向南天門及喜峯口以南進攻。昨晨北平發現日本飛機，且據來自朝鮮及其他各處之報告，表露日本在熱河及沿長城一帶，補充軍實，而軍隊之人數，亦日有增多。日方造謠稱，目下日軍退出灤東後，中國軍隊即採取挑釁行為。其實在日本撤退後，我方只派遣少數隊伍，收復灤東，藉以維持秩序，而在其他各戰線，亦未採取攻勢。日方現在重作大規模之進攻，目的顯在佔領平津。

我方迭次請英、法、美駐華公使，向日本嚴重警告，不得再行前進。但迄未提議設法締結停戰協定，藍博森對此已表示拒絕，謂除非我方作更確切之表示，殊難為力云云。深信我方地位業已明白表明，即依據國聯盟約、巴黎公約、九國條約及辛丑和約有關係各國，應設法使日本停止擾亂平津區域，實責無旁貸。目下時局甚為危急，但我方政策始終不變，希進謁英（法美）當局，將現在時局上各種之發展，詳為說明。上述各節，並已分電我國駐法美使館矣，外交部。

二　中國請求各國出面干預

外交部復英法德挪意波南斯拉夫等國政府照會

民國廿年十月廿一日

為照復事接准貴國政府通牒，貴國政府於該通牒之內，引起中國政府對於一九二八年八月二十七日非戰公約規定之注意，並表示希望中日兩國政府避免採取任何步驟，致使欲求和平解決中國之時局，已在進行中之努力，其成功受厥危險。

自九月十八日起，日軍藐視國際公法與非戰公約及其他國際公約，開始無端襲擊瀋陽及其他各地。貴國政府對於嗣後此事在東北之擴大，關懷綦切，中國政府深為感謝。中國深願嚴格遵守依照國際公約所應負之義務，尤其國際聯合會之盟約及非戰公約，其對於日本之武力的侵略行動，竭力避免以武力與之接觸，且自始即企圖以和平方法求公正適宜之解決，故吾人不加保留，以全案付諸國聯，吾人所以絕對倚賴非戰公約、國聯盟約及其他為維持和平之國際公約內所包含之莊重約言者，蓋信日本將省識其對於人類文明法律上及道德上應負之職責也。

中國政府極誠希望現正在日內瓦進行中力求解決此案之努力，為正義與和平之利益，不久能得圓滿之成功，因是項努力，不僅為中國之幸幅，亦為世界之幸福也。至中國政府自仍當堅持其努力，求以和平方法解決任何性質之一切問題，並極力援助國聯，策劃永久制度，保障此項政策，此後在遠東有效之遵守，相應照復貴公使查照，即希轉達貴國政府為荷，須至照會者。

駐英國郭泰祺公使致外交部電

（譯文）民國廿二年五月十五日發

南京外交部。關於五月十二日尊處來電第一八九號內開各節（即本部致郭、顧、施各使電，以目下時局危急，但我方政策始終不變，希進謁當局，將現在時局上各種之發展，詳為說明並促各國警告日本）。本日與英外相作長時間之談話，鄭重說明：（一）我方請求英、美、法公使出面干涉，係以各國應負之條約義務為根據，並未提議締結停戰或休戰協定，蓋目下中國全國已決定斷不屈服也。（二）列強對於日本之一再侵入華北，實有一致行動之必要。列強設繼續採取沉默態度，則外間將視為不顧條約之義務，德、日二國將益無忌憚。渠答稱，中國之缺少感覺及抵抗能力，殊令人為之氣喪。列強共同警告，挾有一種恐嚇之性質，欲求有效，必須以武力為後盾。目下正當世界異常多事之秋，但渠對於能否採取一致行動，將不惜加以考量，因日本侵入華北，勢必牽涉各國之利益，並稱渠對於長城以外之事變，並非漠不關心。渠又稱中國在本國領土以內之行動，強名之曰挑釁行為，殊屬荒謬。余向外相解釋我方所處地位之困難，說明各國如能有所動作，表示對於條約義務，並未完全遺忘。則此種動作，必深受欽佩。余並轉述外間所傳東京吳大使之談話，請其注意。渠殊不置信，允許設法調查，泰祺叩。

第二節　各國對東三省事變的態度

一　探詢各國態度

外交部致駐法國顧維鈞大使、駐英國郭泰祺公使、駐美國施肇基公使電（原電係英文）

民國廿一年三月一日

駐美、英、法使館

政府在未實行與日本斷絕外交關係以前，亟欲知美、英、法政府態度。美英法政府是否（一）贊成我國此舉。（二）願從中國之與日絕交，撤回該國駐東京使館長官。（三）贊助（美）採取經濟或其他制裁。

盟約第十六條之執行。希即設法探詢英法當局美新當局之意見，迅復，外交部。

二　英國態度

英國對國聯之態度

照譯民國廿一年十一月五日
大阪每日新聞

（倫敦三日電）本月二日英國上議院有陸相海爾珊、國聯調查委員長李頓爵士、工黨領袖彭遜貝爵士、對於滿洲問題之辯論，而在下議院則有西門外相之說明，其結果為吾人所知者，僅有抽象的一點，即英國政府對於滿洲問題嚴守中立，不採用激烈之政策也。本月二日松平駐英大使曾晤西門外相，對軍縮及滿洲問題，秘密交換意見。在此會晤之前，松平大使曾訪李頓爵士。並在大使官邸設宴深談。頗有相當成績。松平大使與美國軍縮會議代表臺維斯亦已會晤兩三次。至臺維斯氏與西門外相數次之會晤已詳前電。足見最近英國外交界對於軍縮及滿洲問題，日、英、美三國施展外交戰術，令人有目迷五色之感，惟此等會晤均嚴守秘密外交之方式。故其具體內容，外間罕能知之。記者（大阪每日新聞社記者楠山）自日、英、美、各方要人得來消息。確謂英國在下次國聯大會所取之態度，以左述兩點為標準：

一、維持李頓報告書。

二、最後解決之延期。

蓋英國政府在原則上須維持李頓報告書，以為討論之基礎，乃分所應爾，其理由如下：

一、此為國聯調查團之正式報告書。

二、委員長李頓爵士係西門外相所薦舉。

三、該報告書在歐聲譽之佳，出乎意料之外。

四、美國屢作維持該報告書之主張。

因有以上情形，故無論其為形式，或為實際。由外交上著想，斷無開始即予以拒絕之理。其成為問題者，即在日本業經承認滿洲國之一點，蓋日本已不能無條件撤回承認，毫無疑義。彼時國聯認滿洲為中國之領土，而日本則承認其為獨立國，馴致於難免正面衝突之形勢。國聯若欲強日本認滿洲為中國之領土，則引起日本退出國聯之重大問題。事勢至此，則英國麥克唐首相胸中所懷抱之軍縮及世界經濟會議二大外交理想，均成泡影，於是須採用上述兩層政策。即以採用李頓報告書為原則，但未必宜於立即實行，蓋以東亞問題如是複雜，期獲最後圓滿決定，則須假以時日。

延期解決乃救出外交窮境之策也。確聞以上政策最近業經英國閣議決定，乃倣去年十二月巴黎三次行政院會議時之故智。蓋當時國聯與日本正面衝突之危機，因派遣調查團替代，得以彌縫。此時欲轉迴危局，亦須出以同樣策略，英國政府自信此種方針，頗有成功之希望，其理由如下：

一、英國在國聯內部之固有勢力，為舉世所周知。故只須英國政府態度決定，可視為國聯政策半已決定。

二、歐洲各國多以日本經營滿洲，料已疲于奔命，財政尤受重大打擊，不久當自行放棄。小國中對日本向抱不滿者，亦動於日本終將無可如何之說，英國利用此種心理，以延期解決之策，集合小國甚屬可能。

三、日本當亦贊成延期解決，蓋日本預料中國分裂，不久可得機會，藉口中國國內不統一，堅稱滿洲治安，中國不能勝任。故觀測日本對於第一點承認報告書雖不贊成，而於第二點則屬望解決延期，而傾向於英國之政策。

英國政策成功時，似將作一便利方式，一面維持國聯之權威，一面充分考量日本之希望，渡至明年九月之國聯大會。返思英國方案兩種，原則之中特別注重者為第二點之延期政策。至第一點不過一種形式，第二點乃係實際注重之點，故此種方式應具如何內容，實為國聯大會重要之任務，其性質之重大，乃在李頓報告書之上，蓋此方式之內容可使報告書失其效用，表面雖有報告書，而暗中則製一方式以代替之非不可能也，故此次國聯大會實為國際之大舞臺，日本外交貴乎老練而機警也。

駐英國使館致外交部電

民國廿二年三月四日

第十二號，三月四日。對於三月二日第一〇一號鈞電，經向外交次長探明，對於（一）點，認為不審慎且不智之舉動。對於（二）點，英國未必將有此舉。對於（三）點，中國有請求執行盟約第十六條之權，但難得全體一致同意，駐英使館。

駐英國使館致外交部電

民國廿二年十一月九日發同日收

南京外交部第六十二號八日，今日貴族院討論中國問題，培爾爵士稱，南京政府為中華民國比較最好、最穩固之政府，並謂中英此時最友善，英國政府惟應積極援中國，發展商業，以無駐華大使為遺憾，又謂中國現有聯日與聯歐美兩派，暗鬥頗烈，殊堪注重云云。嗣英外部答應，英國對國民政府之企望及可能範圍之內，莫不贊助，將繼續此政策，詳情郵寄，又昨下議院討論軍縮問題，工黨發言人責英政府對遠東維護盟約及公約不力，致軍縮會議受打擊云。祺，駐英使館。

三　美國態度

美國務卿史點臣致參議院外交委員長波拉書

民國廿一年二月廿三日

參議員波拉先生勛鑒：敬啟者，前承閣下垂詢鄙見，略謂近日中國時局變化，有無使九國條約不適實用或失去效力或需要修改之處，假若有此趨勢，我國（指美國）應取何種政策，以資應付。

謹按我國對華「門戶開放」政策，實以九國條約為法律根據，閣下知之甚稔，可不待論。該政策首倡於一八九九年之海約翰氏，當時列強對華獵取「利益範圍」，其勢甚張，中華帝國瓜分之禍，迫於眉睫，自「門戶開放」之說倡，始告一段落。海氏所標榜之原則凡二：（一）各國在華經商機會均等。（二）為達到上項目的起見，必須保全中國之領土及行政之完整。此種原則在我國外交史上本屬司空見慣，初無炫新立異之點，換言之，我國據此原則為準繩，而與環球各國相周旋者，業已歷有年所。夫中國乃亞洲大邦，一旦中國而蒙厄運，主權受損，行政破壞，則影響所及，將使天下各國互相傾軋，裂痕日深，遺害無窮，可無疑者，故「門戶開放」原則施諸中國，實為當時之救世良劑，試證諸史乘，可知斯言不謬。時中日戰禍業經爆發（指甲午之戰），戰後日本乘勝要挾，德、法、俄三國出而干涉謂，某項利益不許染指，同時又有若干國家獵取在華利益範圍，居然如願以償，於是中國國內反響驟起，聲勢洶湧，北京各國使館，處境危殆，不可終日。海約翰氏目擊斯狀，乃將對華門戶開放政策昭告天下，以為各國解決中國亂事，當以此原則為指歸云。時攻擊北京使館之舉，仍在進行中也。海氏曰，美政府之政策非他，但願得一解決方案，俾中國永享安全太平之福，領土完整，行政統一，其與各友邦一切權利，凡有條約保證及國際公法所許可者，妥為保護，且為天下萬國作保障，對於中國各地貿易，務一律持平等公道之原則。

海氏之說既倡，各國咸表贊同，英政府隨聲附和，親善有加，英首相阿士勃雷勳爵之答辭有云：「鄙人敢以最堅決之態度，對於美政府之政策表示同意。」

各國既以非正式的方式表示同意，其後二十年來所謂門戶開放政策，即根據於此。自一九二一年冬至一九二二年我國召集太平洋會議、華盛頓會議，凡與太平洋有關之主要國家全體與議，結果乃有所謂九國條約之發生，至是門戶開放政策之原則根據應取何種定義，其內容應作如何解釋，乃歸正確，諸點一一燦然可考，九國條約第一款云：各締約國（中國除外）一致同意下列各項：

（一）尊重中國主權與獨立及其領土與行政之完整。

（二）給予最充分及不受任何阻礙之機會，以發展維持鞏固有力之政府。

（三）盡力實現及維持各國在中國全部工商業，機會均等之原則。

（四）各不利用中國局面獵取特種權利，致各友邦臣民之利益相形見絀，並不鼓勵任何動作損害各友邦之安全。

由是觀之，九國條約中所包涵之國際政策，實經深思熟慮鍛鍊而成。各締約國之在華權利及對華利益既受保障，同時中國人民亦得最充分之機會，根據近代文明國家通行之標準，發展其本國之主權與獨立，不復有受人阻礙之虞。當該約簽訂之日，中國甫經反抗專制政體之革命時期，全國上下努力建設一共和自主國家，並期發揚光大。但茲事體大，縱自政治經濟方面雙管齊下，兼顧並重，需累年積月，始克有濟，故其進步之遲緩，乃勢所必然無如何也。九國條約各締約國有鑒於此，乃出諸自動方式，放棄侵略政策，勿使中國之建設進行有所打擊，蓋吾人確信，欲求中國及對華各關係國之利益充分發展，非經如此程序，如此保障，決不為功。試就門戶開放政策之整個的沿革而加觀察，此種信仰固隨處可見也。我國出席太平洋會議之代表團主席為國務卿休士氏，其呈大總統報告書中有曰：「眾人皆信對華門戶開放政策，最後乃因九國條約而成為事實。」

再者，英國代表團主席在會議中亦嘗聲稱：「本代表團認為曩昔劃分「利益範圍」之行為，時至今日必不為各國政府所主張，更不能為本會所容忍，各國代表對於此點當有同感，其他各國姑不具論，僅就不列顛帝國政府而言，早經正式宣告天下，該項行為完全不適用於當今狀況之下。」同時日本代表幣原男爵亦說明其政府之立場如左：

「天下無人敢否認中國有自理國是之神聖權利，抑亦無人可阻礙其建設國家之偉大事業。」

九國條約原由美、比、英、中、法、意、日、荷、葡諸國締結而成，其後那威、玻黎維亞、瑞典、丹麥及墨西哥等國繼起參加，德國業經簽字，但尚未蒙國會批准。

查各關係國在華盛頓會議中所締結之條約及議定書，不僅九國條約一種，但其間皆互相關涉，可以彼此發明，此點應加注意，申言之，各條約及議定書實有整個的意義，苟有一條約橫被摧殘，勢必牽動全體，使此整個的意義為之混淆，而其間之均衡力，亦必為之破壞。

華盛頓會議之實質，乃一裁減軍備會議，其目的在促進世界和平，而其方法則不但在停止各國海軍力之競爭，並在解決其他種種威脅世界和平之棘手問題，遠東問題其尤著者也。當時我國執戰艦建築工程之牛耳，而寧願放棄我優越地位，美屬瓜姆島及菲利濱群島，本應添造砲臺，又寧願置之不顧，良以九國條約不但為世界各國保證對華貿易之均等機會，並不許任何國家窮兵黷武，逞其野心，徒視中國為犧牲也。我國自動讓步之精神，可謂促成九國條約之先河也。由是觀之，九國條約實以其他條約及議定書為基礎，吾人欲討論九國條約之修改問題，或廢棄問題，不能不同時顧及其他條約及議定書也。

訂結條約之各國，出諸自動的方式，放棄「以強侵弱」之政策後，凡六年，又有巴黎公約（即凱洛白里安公約）之訂結，世界各國一致參加，於是上述政策之力量，乃益為雄厚。九國條約與巴黎公約殊途同歸，各以世道人心為後盾，國際公法為準繩，而謀世界進步之福，其於國際間之紛爭，則務以和平方法謀解決，不得徒恃蠻力定勝負。在此訂約運動之過程中，保護中國，勿使外力侵犯一點，確有重大關係。九國條約之各締約國及參加國家，為欲謀世界和平，必令中國四萬萬人民安居樂業。欲謀世界福利，不得不重視中國之福利與其安全。

近日中國大局變化衝突之原，起自滿洲，最近上海一隅，亦竟捲入漩渦，吾人就此種事變而加觀察，不但不能發見有修改上述九國條約及巴黎公約之絲毫意義，反使吾人感覺，凡與遠東有關各國，必須忠實遵守各約條款。此次中國事變因何而起，雙方誰曲誰直，殊無追究之必要，蓋現狀如此，縱持事變之起原問題，責任問題，置之不顧。無論如何，萬不能勉強隱飾，謂與九國條約及巴黎公約之條款，未嘗有背，假於兩約條款，一一忠實遵守，何至發生如此現象，此理至明，寧有疑義。除此次事變中，直接衝突之對自方以外，九國條約及巴黎公約之締約國，恐不易發見有修改各該約條款之理由所在；且進一步言，惟因此次事變，使各締約國旅滬僑民，遭受損失，蒙其危險，更使各國感覺履行條約義務之真正價值所在。

此即今日我國政府所抱之見解，九國條約及非戰公約中所含之原則，光明正大，欲加廢棄，理由何在？殊難索解。人人而能忠實履行條約義務，必不至有今日局面，此吾人之所深信不疑者也。反之者謂，因履行各該條約，故遂使締約國及其人民之在華合法權利損害云，吾人不見有何證據足資憑信。本年一月七日，大總統閣下，訓令本政府正式照會中、日兩國，略謂：各該國政府如訂結任何條約，或議定書，或形成任何局面，與九國條約；非戰公約之條款相衝突，因是使美國政府，或其人民之在華權利蒙其影響者，本國政府概不承認。

其他各國苟與吾人抱同樣決心，同樣見解，吾人敢信，以後凡恃暴力為手段，破壞條約，奪取權利之徒，其所奪取之權利，必不能享有法律根據，不寧惟是，各國行動果能一致，則中國縱有權利損失，最後不難恢復，證諸過去事實，可知其然也。

我國為太平洋領袖國家之一，吾人深信中國人民之前途無量，凡與中國人民相往還，始於本「公正」、「忍耐」及「互相親善」之原則，以博最後成功。中國政治家身負建國重任，其使命之偉大，吾人之所共知。海約翰、休士及其同時代人士，早知中國進步遲緩，政局不定，門戶開放政策，正為應付此種阻礙而生。出席華盛頓會議之若干國家代表決議，以為中國應有充分時間整頓國是，吾人對於此點表示同意，並擬視之為此後對華政策之出發點也。專肅，敬請勛祺，史點臣謹上，二月廿三日。

駐俄使館致外交部電

民國卅三年十二月十九日到

南京外交部三百十二號。十八日美大使 Bullitt 到任，昨日循例往晤，彼稱對於中國政府及人民，向具好感，前在巴黎和會及華盛頓會議，均曾間接為華盡力。上次宋部長在美會晤美總統，均係由彼陪往，相知甚諗。此次若非來俄，或將赴華等語。關於中國情形，彼自稱如墮霧中，非特彼個人如此，美政府中人莫不皆然。臨行前，曾與其外部遠東司長數度談話，對於中國之真實態度，亦甚渺茫等語。當將我政府所處之困難地位，加以說明，戰既不能，和又不願，故不得不困守待援。至對日關係，為避免更重之土地損失，不得不於委蛇，外間所傳秘密諒解之說，絕對不確。彼稱美國對華，凡道義的經濟的援助，如否認偽國、棉麥借款等，力能及，無不勇為。惟對日戰爭，則美國人民鑒於參加歐戰之毫無所獲，祇博得各國之賴債。美國人民對日本之侵略滿洲，固深憤慨，而對法國之賴美國，尤形激昂，故願閉門自理，不欲干預外務，除日本對美攻擊，美國當然還擊外，美決不願對日開釁。語以一九三五年倫敦海軍條約期滿，日本要求比率平等，美將何以應付？彼稱日本願訂條約，則十七比率仍在。日本若欲自由競賽，則日造一艦，美造三艦，美將維持三十對十之比，且視財力誰勝。語以如此競賽結果，仍必出於戰爭，且使日本保持滿洲，任其坐大，俾得逐步實行其大陸政策，屆時再與彼戰，必較今日費力倍蓰，彼稱不至於此。對於日俄關係，彼亦稱明春為緊要關頭，詢以日俄若有戰事，美將取何態度，彼稱現尚難言，關於俄美關係，彼稱俄美在各方面無衝突之點，美總統膽識卓越，對於新事物，無不虛衷接納，此次彼來，對於蘇聯之政治、經濟、文化各方面，凡有可以合作或採擇之處，無不竭力進行等語，彼在旅館中，辦公館舍尚未選定，擬本月底或開歲旋美，攜帶館員全體，包括書記信差在內，共約八十餘人來莫云，以上談話，乞勿宣布為禱，駐俄使館。

四　法國態度

外交部致駐法使館電

民國二十年九月廿二日

Sinolegate Paris 密，二十一日電來，昨晚由南京法國領事館轉發北平駐華法使英文一〇一件，其譯文為日軍突然攻擊未曾挑釁之瀋陽及其他域邑之中國軍隊，並佔領各該處所，實屬違背國際公法，尤蔑視一九二八年中日兩國同在巴黎所簽之非戰公約。法國既為上述條約所載原則之發起人，中國政府因此請法政府考量現在情勢之緊張，並採取能保遠東和平之措置。白里安君前為國際聯合會行政院主席時，曾數次出力解決國際之紛爭，現又為國際聯合會法國代表。為此，中國政府請其鑒於中國現在情勢之緊張，引用國際聯合會盟約及上述條約之原則，主張公道及和平，請貴公使將以上所述，立即轉達貴國政府等語，希本上電意旨，再向法外部切實接洽，並電復為要，外交部，廿二日。

駐法使館呈外交部文

民國二十年十一月十七日

為呈報事案奉鈞部九月二十一日電令，飭將日本續佔我國城邑，蔑視非戰公約情形，正式備文知照簽訂非戰公約而我國尚無駐使各國之駐法使館，請其轉達各該本國政府等因。奉此，案查非戰公約簽字國，截至本年五月底止，已批准者共有五十九國，除我國及我國已有駐使或尚無駐法使館各國不計外，應行由本館知照者，共有三十國，遵即於九月二十二日正式備文知照各該國駐法使館，請速轉達其本國政府，並於九月二十三日電陳鈞部在案。嗣陸續接到各該使館復函，至本日止共收到十六份，理合先將該復函連同本館所知照各使館名單錄稿，一併附呈敬請鑒核備考。謹呈。

駐法使館一等秘書暫代館務謝維麟

駐法國顧維鈞大使呈外交部電

民國廿二年一月六日發同日收

南京外交部三號五日，極密。頃晤法新外交次長柯德談東案，告以榆關事起，益見調停無成功希望，亟宜另行設法，中國固急圖恢復失地，同時亦欲保存國聯。柯謂現調停絕望，祇能逕援盟約第十五條第四節提出最後報告。鈞請其注意中國所提各點，尤以規定期限與宣布日本罪狀為鑒。柯謂此次日來弗開會，擬即規定期限，並根據李頓報告書，對日本之行為下一判斷。鈞謂若無制裁辦法，仍不能維持國聯之尊嚴。柯謂現分兩步，先竭第十五條之能力，後商第十六條之施行，但軍事制裁不成問題，經濟制裁須美國參加，渠意各國若能一致抵貨，不及半年，日必屈服。問鈞美國態度有何消息，鈞謂美國態度顯明，祇要國聯先下判斷，其對制裁辦法，深願協商，一致進行。柯謂法國右派報紙，未免袒護日本，頗不以政府態度為然，但經說明法國對東案不問根本是非曲直，其對盟約與非戰公約，不得不竭力擁護。

右派責政府為漠視安全問題，但盟約為安全保障之一，焉能任日摧毀，彼又詰政府以第十六條為不足恃，但非自第十五條至第十六條逐件試驗，不能知其可恃與否。現在左派操權，在國會為大多數，所見與政府一致。至國聯方面，法國不便出面主動，擬由赤哈提議。鈞問英國方面已否接洽，亦屬要著。柯謂自最近山海關事起後，即是英政府亦難再持調停政策矣。鈞謂近日傳聞，日方擬在法借債，且定大批軍械為誘，柯答借款不確，軍火事亦不若外傳之甚，但一經國聯報告判斷後，不特新貨難購，即舊合同亦須停止執行云。查柯氏向為駐國聯代表之一，日內又須赴日來弗，代表法政府，聞今晨接見鈞前，曾與首相密商答復大旨。又昨日鈞訪赤哈公使，表示謝忱，並談東案，請繼續主持公道。渠所談與法外次所云，由赤哈動議各節，大致相符，至鈞所述美國最近態度，係根據日昨訪美大使談話所得，並聞此次日攻榆關，各國似頗張皇，以為日本逼人太甚，予各國以難堪。默察法外次語氣，可見一斑。東京洞見此中關鍵，故昨今日方盛傳，日政府視榆事為局部問題，不致擴大，深願局部解決云云。鈞以為此時我方應堅持陣線，盡力抵抗，以示我決心而壯國聯之氣，俾乘此時機，收外交上之功效，不宜狂悖委曲，局部了事，益張日軍氣焰，而增國際譏笑，請察核為禱，鈞。

五　俄國態度

駐蘇莫德惠代表致外交部電

民國廿年九月廿三日發廿四日收

南京外交部王部長勛鑒，二十二日電，奉悉，當晤喀拉罕，詳述日兵已佔據遼吉兩省城暨各大城鎮，現在仍進展不已，此與世界和平有莫大關係，貴國向來尊重和平，且係同簽非戰公約者，是以願知貴國政府對於此事之意見。喀謂因中蘇尚未復交之故，蘇聯迄未接到中國之應付詳確消息，評判頗感困難，但日本計劃，報載多日，幾經舉世皆知，惟如此擴大範圍之舉動，實出蘇聯意料之外，蘇聯對於中國甚表同情，認為此事關係重大，於遠東現在之局勢有戒心。茲可對中國政府正式聲明者，蘇聯決不採任何辦法或步驟，使現在情形更演成較為困難之狀況，中國政府可隨意採取適當辦法，以圖挽救，並希望確知中國政府對於此事如何應付云云。綜觀喀氏談話，對我尚表好感，大部有何主張，仍祈電示，以便接洽，弟莫德惠，二十三日。

外交部電駐蘇代表

民國廿年九月廿五日

莫斯科莫代表勛鑒，密，二十五日電悉，國府對內宣言，係告全國國民應各悉聽中央指導，蠲棄私見，整齊步伐，誓死救國，政府已有最後決心為自衛之準備，決不辜國民期望。對外宣言，即復國際聯合會行政院主席文，表示深信該院所示決議，不過圖最後解決之初步，並將迅速採用辦法，予受害方面以完全之滿意，對於該院決議撤退日軍一節，尤熱烈請求採用最速之行動，良以時局嚴重，與時並進，行政院決議之切實執行，實絕不容緩。粵方確有聯合一致對外之表示，但現除張繼、蔡元培、陳銘樞三中委已赴粵接洽外，尚未有其他事實上之接近，特電復，外交部，二十五日。

外交部致駐莫斯科顏慶惠大使電

民國廿三年三月九日發

莫斯科顏大使鑒：我方願望蘇聯：（一）防止日軍攫取或購取或以其他非強暴手段取得蘇聯在北滿之利益。（二）以有效方法制止日軍干預蘇方在北滿之權利，尤以中東路為最。（三）不予偽國以事實上或法律上之承認，並因此不承認偽國或日本之領事及其派充中東路之職員。（四）倘華北發生大規模之戰爭，予我方以物質上之援助。（五）當我國與日本斷絕國交之際，召回蘇聯駐東京之大使。（六）於適宜時期贊助並採行對日之經濟制裁。我方之政策，厥為民國十三年協定，在中蘇關係中必須認為有效，我方願誘勸美國承認蘇聯，因此深望中、蘇、美三國對中日糾紛全力合作。
關於上述各節，應請執事試探蘇方意見，以適宜方法查酌辦理，我方欲與蘇方在此議訂互不侵犯條約及商約，外交部，九日。

駐蘇莫德惠代表致外交部電

民國廿年十月卅一日

南京外交部李部長勛鑒：本日此間黨政各報宣佈，日使廣田與喀拉罕各以政府名義為下列之口頭聲明：廣田聲明，自中日事件發生以來，日蘇兩國間毫無任何情事可以影響彼此關係，甚覺深幸。惟邇來滿洲發生關於中國各將領及各軍隊間相互關係之種種傳說，日本政府乃訓令本使，將關於此事所有消息，通告貴政府，以為於兩國關係頗有裨益，黑龍江馬鎮守使於離黑河之前，即十月十二日、十三日間，曾與來自俄屬黑河之紅軍軍官會議，馬鎮守使軍內有蘇聯教練官，並謂依據協議，收受蘇聯方面之軍用飛機，高射砲及飛行員。中東路西線昂昂溪左近，集中貨車多輛，內有中國輜重，停放滿洲里站一帶，嫩江北岸屯駐之黑龍江華軍，收受蘇聯砲械，由齊齊哈爾開往洮昂路終點之列車，裝有黑軍接受蘇聯之高射砲十二尊，野砲四尊及其他砲械、彈藥、軍用品等，又據馬鎮守使聲明，蘇聯大烏里站左近屯集蘇軍二、三萬人，又貨車六、七百，似欲有將此項軍隊開入滿洲之意，馬鎮守使關於此事，表示華軍兵力足以防護中東路，故請將此項軍隊由大烏里撤回內地。除以上各消息外，又有關於中蘇關係，即蘇聯與中國對滿洲事態，□吉長之消息，滬哈各地傳說殆遍，是現有種種風傳及消息，足使日本輿論及駐滿日軍當局感受不安。如蘇聯將向中東路派遣軍隊，則空氣愈將惡劣，形勢益趨緊張；日本政府為保護本國僑民及日資建築之洮昂路起見，將不得已而採取必要之保護手段，故中日衝突範圍，實有擴大之危險等語。二十九日喀喇罕聲明如下，蘇聯政府對於本年十月二十八日貴大使以日本政府名義之聲明，實不能不表駭異，因其缺乏任何根據，且係日本或中國各界不負責任方面之所為，不知因何利於在滿洲現在狀況之下散布此種挑釁之謠傳。黑龍江軍中並無蘇聯教練官，滿洲其他省分軍隊亦無蘇聯教練官，各該軍隊無論從前或現在，向未得有蘇聯任何軍械或軍用品，蘇聯亦未對滿洲戰鬥之某一方面予以任何援助。凡此種種，日本政府寧能不知蘇聯政府向抱嚴格不干涉政策，絕非因此種政策可以搏某一方面之歡心，或不能博某一方面之歡心。蘇聯政府所以抱不干涉政策者，蓋以為重與中國締結之國際條約，並尊重任何國家之主權及獨立，且認為縱以援助為名，而實行武力佔領政策，亦與蘇聯之和平政策及全世界利益不合，蘇聯政府希望此項答復，對於貴大使聲明內所提各事，均已罄述無遺等語，除關於此事與喀喇罕晤談情形，亦電奉達外，特先電聞，莫德惠，卅一日。

駐蘇莫德惠代表致外交部電

民國廿年十一月六日發七日收

李部長勛鑒，蘇聯當局各要人自遼吉事變發生後，從未有與外國新聞記者任何談話之發表，本日報載軍事委員長臥羅岱羅夫，昨與美國聯合通訊社記者談話大致如下：記者詢：（一）蘇聯對於中國曾否與以任何援助？（二）臥氏是否認日本密訂在最近期內撤兵？（三）日本佔領擴大時，蘇日關係如何？（四）臥氏是否認國際聯盟及美國將取何種行動？臥氏答稱蘇聯軍隊在滿邊活動之說，乃係日本利用東方紅禍之口實，以淆惑歐美輿論，蘇聯對於中日雙方均未予以任何援助，因所謂援助者，不啻直接侵略瓜分中國，毀滅其獨立，列強雖竭力歡迎蘇聯共同參加瓜分中國，但蘇聯何時絕不凸凹，蘇聯之和平政策與侵略政策及佔領方法，絕不相容，蘇聯將來對日態度，一視日本與蘇聯保持善鄰雅誼之誠意及志願如何為轉移，至國聯任何行動，不信為有誠意及效力，美國在此次衝突中，亦屬首鼠兩端，不甚磊落等語，持聞，莫德惠，六日。

外交部駐黑河總領事館譯寄

民國廿年十一月廿一日

日本政府對蘇聯政府之聲明書

當一九二九年中蘇衝突時，日本帝國政府曾嚴守極端中立，華方派往滿洲里車站之軍隊，日本曾予拒絕運輸，想此種情形，蘇聯尚能記憶，是以此次中日衝突之初，亦希望蘇聯嚴守中立，無論對於華方某部分軍隊，一概不予以接濟救助也。蘇聯十月二十九日之聲明，適證明帝國政府所希待者為無誤，故帝國政府深為滿意。自蘇聯有該種聲明之後，所有各項傳言，帝國政府未予置信，茲並切實聲明，如謂日本領事署及軍隊長官，捏造傳言，並利用刊物與電報社，以為宣傳，誠屬不切事實。至謂日本駐奉軍事長官之聲明，暨十一月十四日蘇聯聲明書內所提駐哈日本副領事之談話，日本政府雖不悉上述聲明與談話之形式為如何，但以日本政府之推測，前者不過對報界訪員稱述有該種傳言，純為普通性質（哈爾濱有該種傳言）。後者為該副領事得有是種消息後，為友誼上一種不拘形迹之報告而已，倘因此竟謂日本政府揑造無根據之謠言，實為不能容有之誤會，據現有消息，華方為鼓動黑龍江省軍隊之士氣起見，揚言中國軍隊得有蘇聯各種接濟。茲蘇聯政府既言採取不干涉政策，則對此項傳言當先責中國政府，較為合理。現時中日兩軍情狀極為緊張，是以日本政府急待蘇聯政府之明確聲明，表示蘇聯政府對於馬司令之軍隊，決不幫助槍械及他種軍用材料。

日本帝國政府此次迫不得已，出兵滿蒙，以保護日本之權力及利益，曾極力避免使蘇聯利益遭受損失。黑龍江軍隊違背所承受之協定，不特攻擊保護修理齊洮路江橋之日本少數軍隊，並將東西各處軍隊向齊齊哈爾集中，是日本少數軍隊，以數目計，又受極大危險，日軍毫無妨礙東路業務之思想，然設使黑省軍隊不停止對日軍挑戰之行為，則中日兩軍之衝突，自屬難免，而昂昂溪站，或許因此發生暫時紊亂情形。

馬司令軍隊設使不利用中東鐵路，則日本帝國政府必竭力設法以避免上種軍隊之衝突及東路利益遭受損失；倘帝國政府極力避免，而不幸事件仍行發生，則此種責任自屬應歸華方擔負，同時東路因不能防範此種紊亂情形發生，暨允許華兵運輸，亦應同樣負責也。

蘇聯政府答復日政府之聲明書

貴大使聲明，貴國政府對於蘇聯接濟中國軍隊之傳言，未予置信，並以此以卸卻日本政府對於日本正式官吏無其許可而有聲明之責任，蘇聯政府領悉之餘，不勝欣慰。

蘇聯政府於委令喀拉罕向日本聲明對於中日衝突事件，蘇聯嚴守中立，並不接濟任何華方後，亦即認日本應予滿意，對蘇聯不能有他種表示。

茲貴大使於聲明書內，既以此次滿洲事件與一九二九年之中蘇事件有數點相關者，本部長對此種比較不當之處，有不能已於言者，特為聲明於下：

查上年雖中國官府以極粗暴方式，破壞蘇聯條約上之權利，蘇聯並未侵入中國領土，更未有侵入滿洲領土之希圖也，僅於中國與白黨武裝軍隊，屢次侵入蘇聯領土以後，紅軍為抵抗攻勢，解除侵犯者之武裝，暨防止繼續侵犯起見，始越過滿洲邊境。雖然如此，而蘇聯軍隊佔領中國領土（即臨時佔領亦包含在內）與更換現有政權等問題，均未發生，即日本合法之權利與利益亦未有受侵犯之可能。

比及紅軍之任務一經完結，立即撤回蘇聯境內，蘇聯政府並未恃其優越之武備及中國之弱點，強迫中國承受何稱條件，或解決與中蘇衝突無關之事件。

貴大使稱謂一九二九年日本政府曾拒運中國軍隊，當知南滿路與今日中日衝突中之中東路情形不同，茲特為貴大使詳言之。

南滿路完全為日本所管理及監督者，並有日兵保護，而中東鐵路係中蘇共同經營，為中國軍隊保護，該種軍隊係完全受中國官府指揮，蘇聯早已將帝俄時代在華駐兵之特權完全取消，尤以取消東路駐兵權為最。蘇聯政府並未悔為失著，蓋深信取消帝俄所得之特權，深為合理，是以東路之環境與南滿路環境不可同日而語也。至中國東路護路軍，為軍事動作有在東路輸送之情事，蘇聯實未聞知，且現時中日衝突，僅在南滿境內，亦無輸送護路軍之必要，華軍輸送之危險於日軍切進中東路線始行發生。

比及該種危險確已臨頭，蘇聯政府於十一月十二日立即訓令東路蘇方理事，切實遵守中立，無論如何，亦不得同意通過交戰各方軍隊經由東路輸送至前方陣地，雖此間曾遇若干困苦難關，東路終得保持中立，本部長所以作此解釋者，實欲特別提明關於東路責任一層不能予以同意也。

日本政府力求不使東路遭受損失，並日軍無妨礙東路業務之意志，為日政府再次所聲明者，蘇聯政府接受之餘，深為滿意。但本部長有不能已於言者，為日本出兵之初，貴大使依照貴國政府訓令，曾對余聲明日政府已有命令，極力縮小滿洲軍事範圍，但此時日軍所從事軍事之範圍，已極為擴大，並已退出聲明時之舊地帶矣，此種情形為增長侵害蘇聯利益之可能者，實不能不惹起蘇聯政府恐慌也，蘇聯政府遵照一定步驟，以與他國嚴守和平及友好政策，並認保持鞏固與日本現有之關係，實具重大意味，至蘇聯對於各國間之衝突，仍嚴守不干涉政策也。

蘇聯政府深望日本政府能竭力保持兩國間現有之關係，而於行動及所發各種命令中，亦以尊重蘇聯利益不可侵犯為前提也。

外交部駐黑河總領事館致外交部電

民國廿年十一月廿三日收

部、次長鈞鑒：敬肅者，竊查日本自佔遼吉以來，對於中蘇雙方當局之舉動，異常注意，時有撲風捉影捏造之談，以淆亂世界聽聞，蓋其意不過恐中蘇兩國，果然親善攜手，於彼之帝國強佔政策，有所不利也，如本月一日伯利太平洋報載，有日本駐莫廣田大使對俄外交次長聲明，謂現在代理黑龍江省主席之黑河警備司令馬占山，前曾與紅軍軍官關於中日事件有所會議，並與俄方締有一種協定，現在黑龍江軍隊已實行由蘇聯接濟軍械及軍用品，各軍隊中並有紅軍教練官等語，而蘇聯外交次長喀拉罕，對於此節亦曾聲明，謂蘇聯此次對於中日事件所以抱不干涉主義者，因蘇聯為尊重中蘇雙方所締之國際條約及尊重他國宗主權起見，而滿洲任何軍隊亦無紅軍教練官，貴大使對於此種傳聞，竟提出正式聲明，深覺詫異云云，茲謹將該報譯呈，敬備鈞覽。關於上述蘇聯接濟黑龍江軍隊軍火一層，就世恩所知者，日前馬司令在黑河任內雖俄方因宴會有所往還，但蘇聯駐我大黑河領事宴客時，軍官並未過江參與，除馬司令至江省後，有無其事，不得其詳外，在黑河方面可斷決無其事，可見日本有意造作種種謠言，以離間中蘇雙方情感，使之不能攜手，皆其外交有作用之計畫也。肅此奉陳。敬叩鈞安。

駐黑河總領事權世恩謹肅

外交部駐黑河總領事館譯寄

民國廿年十一月廿四日

蘇聯外交部長李特維諾夫於本月十四日邀日本駐莫大使廣田至外交部，當將蘇聯政府之聲明書面交廣田，請其轉達日本政府，茲將該聲明書原文譯漢於下：

查本年十月二十九日，蘇聯政府於外交部次長喀拉罕轉交貴大使聲明書內，曾聲明處今日滿州現有狀態，因有利害關係而無責任者，所製造之謠言，完全與事實不符。蘇聯政府曾明白聲明，向來根據所抱和平主旨，嚴守不干涉政策，並尊重與中國所訂條約及他國宗主權與獨立，蘇聯政府於答復貴大使之聲明書內，態度極為明確，毫無疑意之餘地，當時已得日本政府之同情，至反蘇聯宣傳，曾謂蘇聯幫助滿洲中國之軍閥等，亦可不攻自破矣。

不幸蘇聯政府不得已又須再為指明，日本別有用心之軍閥，仍繼續利用報紙電報，以捏造宣傳毫無根據之消息，謂蘇聯有幫助中國軍隊之行動。

該種消息具有官方正式性質，如十一月十二日駐奉日本軍事代表之正式聲明，曾稱述由布拉果維陳斯科派遣中韓共產黨以充實中國軍隊之實力，即其證明也。

此外尚有一事不能不為蘇聯政府所注意者，即駐哈日本副領事對蘇聯駐哈代理總領事，於十一月十二日亦有同樣之聲述，是以蘇聯政府對於日本軍閥此種有意破壞日蘇國交之反蘇聯宣傳，應請日本政府予以注意。

且蘇聯政府認此時期，應請日本政府勿忘日本廣田大使謂滿洲事件決不使蘇聯利益受何種損失，其覲面對余之聲明也。蘇聯政府據現有報告，日軍司令於齊齊哈爾一帶，擬橫斷中東鐵路路線，倘鐵路業務因此停頓，則蘇聯政府實質上即受損失，是以蘇聯政府深望日本政府昔日之聲明，仍應繼續有效者也。

外交部駐海參威總領事館譯寄

民國廿年十二月廿七日

駐蘇聯日本大使之聲明

本月十九日駐蘇聯日本大使廣田向蘇聯外交人民委員會委員長李德維諾夫聲明如下：

當一九二九年中俄衝突之時，日本政府曾持嚴守不干涉之政策，拒絕運輸中國軍隊前赴滿洲里站一帶，想蘇聯政府當能記憶。故日本政府自中日衝突之始，即希望蘇聯政府嚴守不干涉政策，不協助任何中國軍隊。日本政府對於蘇聯政府十月十九日證實日本政府希望之聲明，極為滿意，故於在上項聲明後所發生之各種傳言，已不置信，而並聲明外間所謂日本領事館與軍事當局，揑造各種傳言，由各報紙及電信社從事宣傳各節，實屬絕無其事。至於蘇聯政府十一月十四日所指之奉天及哈爾濱兩處日本軍事當局之聲明，日本政府雖未明悉該項聲明係用何種方式所傳出，然認為前者不過向報館記者說明現有如此之謠言（發現於哈爾濱），後者亦不過就其所得之情報，令人注意云耳，若謂日本官憲揑造無根之謠言，實為不應有之誤會。現據報告，謂中國方面以喚起黑龍江軍隊之精神為目的，盛傳中國軍隊已得蘇聯各項協助之謠，蘇聯政府既已聲明其不干涉政策，似應對於中國此類傳說提出抗議。現因中日兩國軍隊情形已形緊張，日本政府正靜候蘇聯政府對於嗣後不協助馬將軍軍隊暨供給武器及其他物質各節，為明瞭之聲明，日本政府為自衛其在滿蒙之權利與利益起見，迫不得已而出動，然其積極努力，務使蘇聯之利益並不遭損害之意，已屬明顯。黑龍江軍隊違反其已承認之協定，不僅對於防護修理洮昂鐵路江橋所派遣之少數日本軍隊，施行攻擊，並在齊齊哈爾一帶由東西兩方增加多數軍隊，以恐嚇我國少數之軍隊，日本軍隊對於中東鐵路業務誠無絲毫使其衰敗之意，然黑龍江軍隊若不停止其對日本軍隊挑釁之行為，則昂昂溪一帶暫時處於混亂現象，將為不可避免之事實。日本政府現正設法以避免各項衝突及不使中東鐵路利益遭受損害，但須使馬將軍不利用該路以求達其目的，倘日本政府雖如此努力而仍發生不幸時，則此項責任毫無疑義，應由中國方面負之，而中東鐵路因容許中國軍隊之伸展及運輸，同時應並負其咎也。

外交部駐海參威總領事館譯寄

民國廿年十一月廿七日

蘇聯政府答復日本之聲明

十一月二十日蘇聯外交人民委員會委員長李德維諾夫，於接見日本駐蘇聯廣田大使時，答復聲明如下：承貴大使聲明，日本政府不信任關於違反不干涉原則及協助中國馬將軍軍隊之謠傳，以及日本政府否認日本正式官員未經其政府同意所發表各種不負責任之聲明各節，蘇聯政府對之極為滿意，蘇聯政府對於此項謠傳，以為自經喀拉罕君奉政府之命，明白聲明對於中日衝突嚴守不干涉政策，並不予任何方面以何項協助以後，原不意日本政府再有何項表示，至於貴大使聲明中，對於現時在中國之事件與一九二九年中蘇之衝突引證，若何相類之詞一節，本委員長應認為此種比擬實屬不當。查前者蘇聯政府雖因中國官憲明顯無理違反蘇聯條約上之權利，然並未攻入且毫無意思攻入滿洲境界以內，迨中國及白俄軍隊二次攻擊蘇聯領土時，蘇聯軍隊為防禦其攻擊並解除攻擊者之武裝，使之不能繼續進攻起見，始有越界出動之舉，但彼時從未發生蘇聯軍隊佔領中國領土，撤換現有官府，創造新政府各問題。亦未繼續動作而破壞日本合法之權利與利益，且於履行其有限之任務完了以後，立即將軍隊撤回至蘇聯領土以內，蘇聯政府並未利用其軍事上優越地步，乘中國之弱點而迫中國以何項新條件或解決與發生衝突無直接關係之各問題也。至貴大使之聲明，日本政府在一九二九年衝突時，南滿路拒絕運輸中國軍隊，謂於此次中日衝突時，中東路似曾有運輸中國軍隊情事各等語，本委員長應向貴使加以如下之解釋：查南滿路係完全在日本管理及監督之下，其護路亦以日本軍隊擔任之，而中東路則在中蘇共管範圍以下，其護路責任則屬於完全受中國官府指揮之中國軍隊，蘇聯政府對於前帝國時代，在中國所享受而尤以在中東路沿線駐紮軍隊之特權，業經自願拋棄，應為貴使所深知，蘇聯政府不僅不以此為悔惜，且認為撤銷帝國時代所享受特權之行為，實為完全正當，故此應認為南滿路之現狀，殊不能與中東路情形相提並論。蘇聯政府對於中東路之中國護路軍隊，是否曾由中東路運輸，以為軍事行動一事，尚無所聞，且當時中日衝突之範圍，尚在南滿一帶，則運輸一層尤無需要之處，故非日軍推進至中東路沿線時，此項危險尚不能發現也，迨上述危險已成事實之際，蘇聯政府體察此種情況，故於十一月十二日曾命令中東路之蘇聯部分管理人，繼續遵守中立原則，在任何情勢之下，不得同意由中東路運輸任何方部隊以至陣地。其結果雖以陣地如此接近，並經若干困難，而中東路終能完全保持其中立之形勢，此本委員長認為應向貴大使解釋並聲明者，即本委員長對於中東路負責一節不能同意也。更有進者，蘇聯政府對於日本政府一再聲明，竭力防止使中東路及蘇聯不受損害，並謂日本軍隊並無使中東路業務趨於衰落各節，固極滿意，但考其實際，貴大使前奉政府命令，將日政府所發布關於在滿洲軍事行動最大限度之命令，通告本委員長，然自此以後，此項行動擴大至巨，並已超越前次所指之範圍以外遠甚，此項日益擴大且對蘇聯利益將次衝動之情形，殊令本國政府發生嚴重不安之感，蘇聯政府平時對於各國原持和平政策與和平步驟，對於維持及鞏固與日本現有之關係，尤認為有重大之意義，而對於各國間之衝突，素即抱定嚴守不干涉政策，想日本政府必能竭力維護兩國現有之關係，於發號施令中並能計及不侵犯蘇聯之利益也。

六 瑞典及澳洲態度

外交部駐瑞典使館報告

民國廿一年三月廿五日

瑞典前外交部長鸞夫根代表瑞外長出席國聯演辭之概要公理決不能屈服於強權務求一致於正義中

三月五日國聯大會，瑞典前外交部長鸞夫根（Löfgren）氏，代表現瑞典外交部長拉姆而（Ramel）氏出席演說，彼頗滿意於國聯理事會在最初即注意到此次爭端，非先退兵不能解決。根據國聯所派上海調查委員會二月三日之報告，戰爭作為用於此次爭端中，完全不合於現有條約，已無疑義。瑞典在國聯已多次申明，國聯盟約禁用武力，任何一方宣言，其有否含蓄戰爭意義，均不論也。茲並非欲對於雙方執辭有所意見，惟依照瑞典政府之觀點，凡出兵暨軍事行動於他國領土內，均違背國聯盟約及凱洛公約，倘合法自衛之意義，能引伸於此類事件，則國際公理無法維持，瑞典政府故毫不遲疑，參與二月十六日國聯理事，勸告日本。鸞氏對於此次爭端，明白其複雜性質，遠東特別情形，但謂此種情形，無論如何總不足直任何方面置身於國聯盟約規定公斷調解之外，事頗明顯。大會第一步工作，不特須達到停止接觸開火，且須根本終止戰爭，此為和平解決爭端，惟一不易之辦法。

重要之點，在停止戰爭，須雙方交涉，不能為軍事上之壓迫有所影響，而侵佔中國領土，亦須終止。鸞氏稱頌星期五大會之決議，認為達到此目的之第一步，且鄭重申說，當停止戰爭之後，其求和平解決之工作，須本國聯盟約之精神。關於此點，鸞氏引說一九二七年大會承認之白洛克（Brouckére）氏報告，特別大會暨出席之各國，均負有重大責任，如漢門（Hyman）氏在開會辭所指出者，謂務必尋一切合宜辦法，可由正義中求得一致，亦殊切要，諸小國能影響於此事之可能，因屬有限，遜於列強，但無論如何，實為吾弱小之本身關係，國際公理必須維持，倘一旦國聯失敗，不能給我公正之和平，不能切實執行其盟約，則痛苦奮鬥而成之抵抗武力之保壘，完全傾崩矣。

外交部署駐澳洲領事呈

民國廿年十二月十二日

呈為密呈駐澳日領在澳活動情形，暨澳人對華態度，特縷陳事實，仰祈鑒核訓示事。竊自東省事件惡化以來，駐澳日領因受其政府之密令，極其活動，例如購用大批澳人為其宣傳奔走，並為密探或監視同情於我之澳人行動，至為詭密，又最近駐澳橫濱正金銀行，以巨款購買大批罐頭食品麥麵及各種軍需品等運載回國，日領又復在澳聘定駐澳德人六名，彼輩皆長於放射機關槍者，綜觀以上諸事實，日人企圖實未可漠視，至若澳人對華態度，輿論上甚表同情，惟因無經濟之後援，其熱烈助華之熱忱，終難期以實現，例如近一月來或投函件或來領館者，絡繹不絕，願獻其軍事上之特長，前來我國服務，無論聘其為後方軍事訓練或致力疆場，均所樂就，然維屏未敢具體以答覆彼輩者，蓋此係軍國大計，非待呈准後，方敢進行，詎駐澳日領，茲已捷然行之矣，又澳人罐頭食品麥麵及各項軍用品等，均極望售送中國，吾人固已悉其有經濟上之作用，然其同情於我之態度，自應熱烈歡迎，否則刁狡日人勢將迎合澳人心理，購其貨物即所以博取其同情也。當茲日人態度堅決，尚未退兵，又復各方準備軍需，必有最後之特殊作用。抑有進者，澳人態度雖不能左右英人，然英澳一家，日人此時積極聯絡澳人，正所以示殷勤好感於英人也，如果中日戰爭萬難避免，備辦軍需勢所必至，用特先將此間情形，詳細陳述，仰祈鑒核訓示祇遵謹呈部、次長。

署駐澳領事代表館務　陳維屏

中華民國二十年十二月十二日

第三章

日軍暴行與中國所受損失

第一節　日軍暴行

一　河北省政府報告

外交部呈行政院文

民國廿年十月二日

為密呈復事，案奉鈞院第四九七三號訓令開：案據河北省政府主席王樹常，電請抗議日軍飛機在北寧路、興隆店、繞陽河、白旂堡等站放射機關槍、拋擲炸彈等情。令仰嚴予抗議，並將遵辦情形報查等因。奉此，查此次東省事變，我國經提請國際聯合會根據盟約公平處理，不與日本直接交涉，本部昨據河北省政府電同前因，已電日內瓦施代表等，在國聯盡量宣布，本日並經中央政治會議特種外交組議決；東省事件在未經國聯解決以前，所有日軍違法事件，應盡量電達日內瓦本國代表轉告行政院，並為充分之宣傳，暫不向日本提出抗議，免有直接交涉之嫌，奉令前因，理合備文呈復，敬乞鑒核。謹呈行政院。

抄函一件

民國廿年

蔣主席鈞鑒：謹將遼寧、四洮路、遼源縣被日軍侵佔情形詳細密報，敬乞鈞覽。自九月二十一日至十月三日止，逐日日軍行動及槍傷國人，並輸運軍火與蒙古王公並青年團勾結情形，詳細列單報告於後，此項消息為四洮鐵路同人會暗自探查，確息秘密稟呈，嗣後隨時察稟，謹請鈞座鑒察後，用官府名義發布報端，免職路同人等致罹日人暗算，謹呈上稟，伏維垂鑒。

計附呈遂日詳細報告一份共九頁

遼寧省四洮鐵路同人協進會謹上　十月七日

再日軍勾結蒙王及青年團，鼓惑內蒙自立，供給軍火，內蒙王公等均受脅迫不得抗違，只可收受，然民氣仍愛主國，此時不過假此手段收受槍械子彈，欲作將來國家有相當之抵抗時，一致用日人之槍械，而作利用效力於主國也，謹此並附。

抄報告一份

謹將日軍佔領鄭家屯後，每日行動情形分別列後，仰祈鑒察。

九月二十一日

本日午刻，由南來日軍飛機一架，在鄭家屯空中巡飛數週，於日本領事館上空飛行甚低，擲給包一件，駐鄭家屯之國軍，及公安隊，已行退出街外。

九月二十二日

本日上午九點五十七分，由四平街開到日本兵車一列，內有鐵甲車四輪，由羽山少佐率領，約兵二百名，鄭家屯領事館高舉日旗歡迎，下車後住於滿鐵公所，其鐵甲車未通知任何方面，密行出站，進至鄭家屯通遼間之巴西站，放射數炮而還，當行至白市附近，擊死騎馬者楊某一名，復槍殺看地農人一名，午刻又由南飛來飛機一架，巡視數週而回。

二十三日

本日九點四十分，由鄭家屯開往通遼日本兵車一列，乘日兵約百餘名，鐵甲車亦行前往駛，至大林錢家店等處，曾往街內放射數炮。十三點二十一分，又由四平街開到鄭家屯，日本兵車一列（約日兵六、七百名），未下車，於十四點五十分亦開往通遼。當十四點鐘許，由南來日飛機一架，到鄭家屯站，擲於日兵通信筒一個後，即飛往通遼，由通遼飛回後，又擲通信筒一個而去。復不知何種原因往通遼，第一趟兵車由通遼開回鄭家屯，第二趟兵車由大林開回鄭家屯，頭一趟十八點三十九分到鄭，第二趟二十點十七分到鄭，下車後分住於街內各商號，二十點二十五分由鄭家屯去三江口兵車一列，乘兵約三十名，前往保護遼河鐵橋（駐鄭家屯日兵強佔吳故督公館為日軍司令部）。

二十四日

本日早八時許，由北來飛機一架，聞在洮南擲彈數枚，曾將中國兵營之牆炸壞少許，十二點十分開往三江口兵車一列，係日兵換防，聞八面城胡匪滋事，乃於十三點四十分由鄭家屯開往八面城日本兵車一列，乘日兵五、六十名，內有鐵甲車二輛，到八面城後留駐，八面城日兵四、五十名，其鐵甲車等仍開回鄭家屯，本日午刻由南來飛機一架，到鄭家屯巡迴數週，乃飛通遼，在通遼擲彈三枚，一落北寧路通遼站，一落四洮路通遼站，均屬於空地未傷人，其餘一枚落於通遼電燈廠，將房蓋炸去，並炸死經理徐姓者一名，狗一條。

二十五日

本日十八點二十一分，到鄭家屯兵車一列，乘日兵五十餘名，軍火軍需甚夥。午間來飛機一架，巡飛數週而回。夜間由四平街開往洮南日本兵車二列，乘日兵約

六、七百名。

二十六日

昨日開往洮南之日本兵車，本日均行開回，一於二十一點經鄭家屯開回四平街，一於二十一點五十五分，經鄭家屯開回四平街。午間復來飛機一架，巡視數週而回。

二十七日

本日由四平街開來兵車一列，滿載軍火軍需等品，駐鄭家屯之日軍，曾強迫縣長交出公安隊槍械及各商號槍械，當即交於滿鐵公所，聞日軍在街內曾槍殺華人一名，但地點及姓名不詳。本日早八時許，由南來日飛機二架，經鄭家屯赴通遼，在通擲彈數枚而回，未傷人。

二十八日

現在四平街至鄭家屯各站均駐有日軍，鄭家屯停留三鐵甲車，於十九點十分開回四平街，六點十五分又由四平街開來兵車一列，裝載軍需軍火甚多，在鄭家屯車站，東方遼河傍岸，刈割莊稼，並毀地甚多，僱用中國人二、三百名，修飛機停留廠。

二十九日

本日十七點十分，由鄭家屯開回四平街日本兵車一列，聞係調回朝鮮，二十二點十分，又由四平街開來鄭家屯兵車一列，乘兵約五、六百名，其先前駐鄭家屯之日軍尚有一部，亦將開回，正在裝車中。

三十日

昨晚裝車之日軍，於早一點十五分開回四平街，又由鄭家屯開往三江口兵車一列，滿載軍需等品，確聞日本勾結蒙古人有所策動，蒙古溫都王已赴洮南，將有何種工作。

十月一日

本日七點，又由四平街開來鄭家屯鐵甲車三輛，晚間在車站四週挖修戰壕。今日又僱人續修飛機廠。

十月二日

本日早一點四十五分，由四平街開往洮南軍需品車八輛，押運日兵不過四、五人，車牌註明洮南滿鐵公所長收，羽山支隊軍需品，但洮南現在未駐有日軍，殊甚可疑，聞為接濟蒙匪用者，觀近日日本活動情形，極覺可信。八點鐘許，由南來飛機一架，飛通遼，擲於空地爆彈數枚，回鄭時，在空中擲於車站守備日兵通信筒一個，向南飛去，約飛三江口，又行折飛回鄭，巡繞一週，乃往東方直向長春方面飛去。當早五點許，曾開往通遼鐵甲車一列，到通遼後，即行返回，在錢家店大林間之馬蘭基地方，停有三點餘鐘之多，據彼自稱，遇胡匪曾相交戰，但亦似有可疑之處，究為何種工作，不得而知。午後五點五十分，由鄭家屯加開臨時車一列，云係開往三江口送軍需品，計掛貨車五輛，有穿中國服裝日人數名，跟同前往，及行至一棵樹、三江口間，約距一棵樹站里餘許，乃強行停車，此時由路線兩傍出來蒙古人甚多（約三百餘名），會見日人後，乃將車上軍需品等全行卸下（現聞確有小槍三千、子彈百萬、機槍四架、砲二門。飛機二架未到），預先備有大車二十餘輛，載運而去，約停車四點餘鐘，該次車並未開到三江口，即由該處逕回鄭家屯。觀此點日本勾結蒙將行大舉暴動，已顯然露骨，請加注意，妥籌防止辦法，不致事變猖獗，實為切禱（去洮南之軍需品八輛，現仍停留洮南車站未卸，想係與該地蒙匪尚未接洽妥時故也）。

三日

羽山少佐近幾日改著中國服，戴帽頭，與其他著中國服日人數名往來鄭家屯、洮南、四平街各處，極為忙碌，日本接濟蒙古人起事一節，現接確訊與蒙古二等布勒戈已接洽妥，時蒙人要小槍三萬支，機槍五百架，小槍全允，機關槍亦允給三、四百架，昨晚在一棵樹所卸者即是，並鄭家屯滿鐵公所於昨晚僱馬車約五十輛，每輛四元日金，滿載軍裝等品赴蒙古大蒿處卸下。滿鐵公所於今日午間又招蒙旗學校學生五十餘人，到滿鐵公所內，給錢甚多，令彼等擔任宣傳事務。羽山談稱與洮南張鎮守使亦行接洽妥時，允為獨立，前去之八車軍需，即是接濟之軍火，羽山已乘今日一次車來洮南，現在蒙人獨立之說已喧騰人口，各地人心頗呈不安現象，滿鐵公所長菊竹並去通遼，要求縣政府獨立，令駐通遼之國軍不得前進於錢家店方面。錢家店以北各處，現均駐有蒙軍，由蒙人韓某率領，日本現正鼓動各處獨立，並假言某處獨立消息，以惑人心，並可稱其心願，藉口某某獨立，不屬中國政府所管，進而保護之後，再滅亡之（其滅朝鮮就是先令朝鮮獨立，然後出兵保護，再進而滅亡之。日本又拿滅朝鮮手段來滅東三省，國人其速猛醒，勿上日本的奸計為要）。再者，也有處在日本勢力之下，不得不順從日本的意思，暫行施行自治，中國政府不要聽了這個消息就去懷疑某方面，就隔絕了，須知這是迫不得已的，是日本的假宣傳，是日本的奸詐手段，我希望政府不要信這種話吧，政府真若是聽說某省獨立、某縣獨立消息，就懷疑某方面，那真是上當不小（對於日人接濟蒙人的事，須特別注意，尚須審慎從事，不要操切過急，再令他不得不獨立了，那可壞啦）。

二　吉林省政府報告

吉林省政府呈國府電

民國廿年十月

南京國民政府、北平政委會、天津法租界三二號路張輔帥鈞鑒，日人前嗾熙洽等背叛中央，偽組政府，並使于琛澂為偽司令，率兵北犯省府，於東日起，竟派有大批日軍由哈長路線前往猛攻，歌日陷哈爾濱。魚晨，日人以飛機七架，齊翔到賓縣，投擲重硫磺炸彈，紛如雨下，街市民房四處火起，焚燒至數十餘家。復飛縣城東夾板站地方，炸焚民房數處，兵民多有傷亡，慘無人道，而日人與于逆之混合軍，仍向賓縣積極進攻，我方將士分向各方潰退不停，城內商民秩序紛亂，遂至不守。查日人對外聲明時時以不侵奪土地政權為口號，我駐賓省政府，純係政治區域，毫無敵對行為，乃日方竟陸空並進，助逆興兵，以遂其先奪政權，後佔領土，狡計實屬違背國際公法，應請鈞處加以援救，並轉請國聯實力制止，無任切禱之至，吉林省政府代理主席誠允叩，由巴彥縣，陽亥印。

三　陸海空副司令行營報告

海陸空軍副司令張學良北平呈國府電

民國廿年九月九日收

南京蔣主席鈞鑒：王部長儒堂兄勛鑒：密。關於日軍近日暴行列陳如下：（一）錦縣縣長谷野聲宥寅稱：敬下午二時，日飛機一架來錦擲炸彈六枚，傷兵一名。（二）新民電報局長關發豐養電稱：昨今兩日之飛機三五架，不時來新偵察，以機槍掃射數次，同時向大虎山方面飛駛，又據鄉民報稱，新民東廿里之高台子，及巨流關東地方，日軍均已架砲掘壕，意似備敵。（三）哈爾濱丁旅長超宥亥電稱：有（廿五）申日飛機來哈，散放傳單，宥申又來一架，旋即飛去。（四）鳳城步兵第一團團長文鐙等養代電報稱，皓（十九）拂曉，突有連山關日守備千餘，將職團及第二營部機槍迫砲五七八軍士各連包圍繳械，將團長帶往安東，各連官兵皆被拘禁。（五）北平鐵路局宥電稱：日軍到新民後，連日以飛機襲擊列車，其攻擊範圍，西達錦縣，對路警繳械，綁架。溝幫子東，忽來大幫有組織之股匪，顯與尋常不同，敬有兩日，新民趙家屯地方，連次發生劫車情事，本日一〇二次車由繞陽河開後，又有股匪百餘，在該處與屬家當鋪間，折路五節，車到即行出軌，匪眾乘機大肆搶劫，出軌情形極重。有三等車兩輛互相覆壓，死亡人數現已查知者，計死司機一人，路員王姓之父一名，印度人一名，其餘死傷，尚待查明。同時間日軍車自皇姑屯，向西開來各等情，謹電奉聞。

張學良，儉申秘印。

陸海空軍副司令行營快郵代電

民國廿年十月十五日發

南京外交部勛鑒：錦縣被炸，死傷損壞情形業經該處攝影呈寄前來，茲特檢同原件，電請查收見復為盼，張學良，刪秘印。

陸海空軍副司令張學良北平呈國府電

民國廿一年十一月九日發十日收

南京中央黨部、國民政府鈞鑒：各院部、各委員會、各省黨部、省政府、各市黨部、各市政府、各總指揮、各督辦、各司令、各軍師旅長勛鑒：全國各報館均鑒：據報庚晚十時半，天津忽有便裝攜槍華人二千餘名在日租界海光寺集結，據事發後被拿獲者供稱，由日人數名監視之下，發給大槍、自來得槍、手槍、小手槍、手溜彈，並給每名現洋肆拾元等語。十一時許由海光寺衝出百餘名，向中國地警所襲擊，同時並有大部便衣隊，由日租界內衝出，以省市政府暨公安局為目標，分頭前進，當由我市保安隊、警察合力抵禦，青（九日）晨一時，王主席為使各國明瞭真相起見，派員將事實通知各國領事，請其注意，並向日領要求負責取締日租界內之便衣隊，迨至四時，津日軍司令官用電話向王主席口頭要求，限中國軍隊及保安隊、警察等，於即日下午六時以前，撤退至距日租界三百米突以外地域。王主席謂以此種要求，據何理由，正談間，據報又有大批便衣隊續由日租界衝出，王主席因日方要求毫無理由，當答以在距日租界三百米突以內，並無中國軍隊，祇有保安隊及警察維持治安，現在正在極力防禦暴徒中，事實上殊不便命令撤退等語。至五時三十分，日方又來催迫王主席立即下撤退三百米突以外之命令，此時我警察已將便衣隊逐漸擊潰，或傷亡，或逃回。王主席為預防警察與日方衝突起見，乃於六時前下令撤退，六時卅分情況已趨沉靜，忽有砲彈三十餘發落我城市之中，考其方向係由日本花園及海光寺日兵營而來，現已飭由軍警合力嚴密戒備等語。特電奉聞，張學良（九日）申秘印。

陸海空軍副司令張學良北平呈國府電

民國廿年十一月三日發四日收

限即刻到，南京蔣主席鈞鑒：戴院長、宋院長、外交部勛鑒：〇密。據江省府東亥電略稱，日本關東軍司令部代理林義秀聲稱：日方對於江橋，不問江省能否修理，滿鐵決於四日派工往修，日軍出動掩護工作，並稱日方決以兵力改變江省政局，不顧國聯之決議，又據駐江日領聲稱，前議修橋期限，日政府暨關東軍司令部恐難同意，在江日僑等定三日退哈，避免兵險等語，我方一再理論，據稱無權制止，頃據報告，日軍「□」「□」迅丹兆泰丹借俾「□」「□」隊明早到江橋等情，查前因日軍脅張海鵬部，北犯我軍，私將洮昂路嫩江鐵橋拆毀一部，以便制止，嗣日方以該路曾借日資為詞，要求修復，當與駐江日領說明，已令該路刻日修復，乃日軍不問一切，遽派兵掩護，趕修江橋，距省城僅百六十華里，修復後長驅入省，不需時刻，自在意中，且洮昂路之橋，何故不容該路自修，而必由南滿代修，是其藉此進兵，或掩護張海鵬軍隊，殆無疑義，除將上開情形電告施代表，通知國聯外，並請轉電蔣公，使詰問日政府，要求制止，事機緊迫，務祈裁奪施行，並盼示復。張學良叩。晉江申秘。

陸海空軍副司令張學良北平呈國府電

民國廿年十一月十日收

銜略鈞鑒：查東北事變，經國聯二次決議，限期令日本撤兵，日方雖仍強辭，但亦曾有不再擴大之聲明，詎謂按諸事實純然相反，茲特將上月敬（二十四）日國聯決議後，日軍暴行摘要述後：（一）上月世（卅一）日至本月東（一日）間，日鐵甲車一列、兵車二列，自鄭家屯開入通遼縣境，以激烈砲火頻向縣城施擊，並有多數蒙匪，由日軍掩護隨同前進，至東一日晨，砲仍不絕，已將鐵路修通，其鐵甲車即進至通遼北站，佔領車站，懸插日旗，於東站附近距小街基三里處一帶，掘壕佈陣，積極進攻通遼，華北站接軌處，亦被日軍埋設地雷，江（三日）晨，復向南站砲擊，午間，北站所到日軍甲車，共為二列，旋將鐵路通往開魚之道山岔拆去。日軍此次在通遼一切暴行，用意所在，顯係扶同蒙匪速成內亂，以為將來口實。（二）日軍誘脅洮遼鎮守使張海鵬，圖亂江省未成，狡謀仍不少戢，以洮昂路有借款關係為詞，要求將泰來江橋，由彼修復，經我方復以應由路局自修，彼置諸不理，進佔江橋堅欲強修，更進而要求佔領大興。連日向江橋開來兵車八列，支（四日）午後二時起，日軍變服華裝，與胡匪攙雜過江，向我軍陣地開始射擊。自微（五日）晨至亥，日軍一部掩護張海鵬軍大部，向我猛烈攻擊，後有飛機七架，向我陣地投擲炸彈數百枚，山砲十八門，火力壓迫尤重，我方傷亡頗眾。魚（六日）晨，日本關東軍司令部代表林少佐義秀，竟公然要求將江省主席讓與張海鵬，組織維持會，日軍始可停止攻擊，態度極為強硬。日軍仍繼續增加大部軍隊，我方情況甚為緊急，現正力圖自衛，設法防禦中，此外日軍侵略行為不一而足，除隨時呈報中央轉報國聯，要求設法制止並自衛辦法外，特電奉達，敬祈賜以明教，至所企禱。弟張學良。魚（六日）亥秘印。

陸海空軍副司令張學良北平呈國府電

民國廿年十一月十四日發同日收

蔣主席鈞鑒：戴委員長季陶兄、宋部長子文兄、外交部勛鑒：○密。前日接到外交部電報科轉來施公使七日電，關於日代表向行政院通知江省事件各節，業經逕復，施使以日代表致行政院通知全與事實不符，查嫩江橋屬洮昂路線修復之權，仍屬洮昂，日軍必令南滿代修，實為便利張軍再度進攻起見。十月廿八日關東軍司令官本庄繁之代表少佐林義秀，由駐黑日領清水介見省當局，送來通告，要求我七日內將橋修竣，否則日方派兵掩護工人修理，當經議定，仍由洮昂路局自修。十一月二日林少佐忽送來二次通告，要求我軍後退十公里，彼實行以武力修橋。當即正式聲明，日方修橋暨日軍出動江省原屬根本上不能承認，惟為尊重國聯決議，避免衝突計，我軍駐大興站已離江橋十八華里，但日軍如仍進攻，則不得不正當防禦云。可知在三日以前，中日兩方正在交涉期間，我軍焉有越出駐地十八里外，向其射擊之理。至三日晨一時，日陸空軍忽由江橋前進，向我陣地射擊擲彈。四日早，又襲我軍，擄去哨兵三名，我方派員偕領館人員前往交涉無效，日方反口頭要求於是日午前佔領大興，大興距江橋已遠，並無修橋之工人，日代表所謂派兵至大興保護工人，語殊不倫。四日下午，日方以我未讓大興，即以大部軍隊攙雜匪眾，前來猛攻，迄五、六兩日未止，其攻擊我軍情形，經英副領事蘇高特，及美參贊丁拔克蘇樂，及英副參贊傅瑞澤並英記者先後來江實地視察，均有記載，可證我軍因彼軍壓迫過甚，於六日退至三間房後，林少佐於八日午後二、三時間，送到第三、四兩次通告，要求馬代主席立時引退，將政權移交張海鵬，是其進兵用意，已極明顯，敬祈詳酌嚴重駁復等語，謹聞張學良叩，元（十三）戌秘。

陸海空軍副司令張學良北平致外交部電

民國廿年十一月十六日發同日收

限即刻到。南京外交部鈞鑒：□密。現當國聯即將開會，所有歷年日人在東北非法事實，丞應儘量搜集，電達施使，以為向國聯宣布對日折衝之參考，惟以目前東北對日交涉案卷，悉被日軍封錮在遼，經由此間盡力設法搜集，將所得材料分條列舉，惟以時間倉促，難免文漏，尤恐未盡妥善，尚請大部詳加核定，增刪譯轉施使，用期周密。查九國公約明載，尊重中國主權獨立與行政完整，乃日本曲解條約，創為附屬地名，皆在南滿鐵道沿線自由駐兵設警，計駐副師團一萬四千七百六十名，守備隊五千四百名，憲兵分遣隊二千五百六十一名，飛機五十二架，人員一千一百十名，鐵道界內警察一千四百八十三名，連同領事館所屬警察共三千零五十一名，其招致之惡果：（一）殘害華人，如本年五月二日，遼陽上米雙珍，被日警於毒打後，用煤油灌斃，其他類此之件，最重要者有三十三起。（二）濫捕並殺傷我國官吏，如十八年九月二十三日，日憲兵騷擾鐵嶺茶園，不服我警勸阻，並殺傷之，更繳我警隊械。同年一月二十七日，日警署長市長等包圍本溪縣府，擄去縣長白尚純，是其餘類此之事，亦有二十一件。（三）搗毀我國官署，如十九年十二月日警包庇韓民販運嗎啡，搗毀我營口警所，此外更有日商人不遵檢查，搗毀我安東海關分局諸類情事。（四）擅自在重要城鎮或近郊，作戰鬥演習，危害居民，傷損稼禾，每年有數十起。（五）包庇毒品，並助土匪軍火，此類案件又數十起。（六）違約侵害我國軍運，如民國十四年冬，無故禁止中國軍隊在滿鐵二十里內行動，干涉內政。他如（一）在鐵道沿線非法課稅，並妨礙我國稅權，例如印花稅、營業稅、火柴專賣，悉受阻礙。（二）侵奪郵電並礦權。例如沿線城邑郵局，抗不撤廢，擅設商用電報、電話、無線電、及長途電氣供給，如延吉、琿春間電報線、南滿沿路電報線、南滿沿路借用線、瀋陽、新民屯間長途電話線、大連、朝鮮間長途電話線，五案均延不解決，又如私採撫順油，母頁岸，又強佔遼訕信義煤鑛等。（三）攘奪漁業，例如莊河黃瓜坨魴諗及其他各處侵漁之事。（四）擾亂金融，例如朝鮮銀行擅自發行不能兌現及在日本國內無法償資格之金票一萬二千四百萬元，正金銀行發行銀幣鈔票五百萬元，並在南滿沿路各埠，擅設交易所，操縱金融及特產買賣，並放縱日本浪人鑄造及行使偽幣。（五）侵佔土地，並擅開溝洫，私築堤壩，妨害農田水利，如瀋陽榊原輓場十二標椿通遼東亞勸業公司農場、新絳七公臺及萬寶山事件等，最重要者，共有二十餘起。（六）破壞交通，如十八年六月二十七日，日本武裝軍警拆毀我北陵鐵路，及民國十六年，吉海興築時北滿鐵拒絕運料，及路成又不許與吉長路接軌等事。（七）妨害市政，如民國十四年瀋陽整理市街，凡日人建築不允退讓，反藉端要挾，阻止測量，此外侵害主權，破壞行政之案，不遑枚舉，容彙案郵達，張學良，銑子秘印。

北平情報處致外交部電

民國廿年十一月廿八日發同日收

銜略，顧少川部長鈞鑒：錦州廿七下午三時電，英、美、德、法、各國武官，到錦州署榮參謀長，省府米主席會同招待，並表示最近軍政情況，各武官連日在錦州溝幫子、打虎山一帶，實地視察，獲得真相，對我方印象極佳，並判明日方近所藉口種種，全非事實。英參贊司徒博，前次已來錦視察，此來考察與前無絲毫變遷，同來調查政治之英、法兩領事，鑒於錦州市況之安定，已認為我軍無進攻準備之併證，各武官定感赴山海關視察，德參贊亦於宥夜到錦。南京廿七日下午四時電，感晨，外部接到國聯由白里安署名來電，內容係嚴重勸告中日軍隊，不得再有任何軍事行動，並阻止雙方軍隊在錦方面衝突，聲明此為國聯行政院，共同對中日政府之切實勸告，請善意諒解，毋使國聯無法進行和解等語，外部接電後，晨七時，即開特外委會，商議如何答復國聯，當議決由顧維鈞起草，復電聲明中國對該勸告極願接受，但現在日軍著著進逼之狀態下，中國軍隊不得不為自衛之應，請先行制止新民附近之日軍停止進攻，雙方始可避免衝突，該電定即晚發出。錦州廿七下午一時電，新民各機關廿六晚被日軍佔領，並查封各大商號，魏縣長誓死不允簽字獨立，現被押於城東福源庚南樓。南京廿七日下午九時電，駐日蔣公使頃急電京，報先停泊佐世保之日艦八雲號。感日，奉命向塘沽出動。錦州廿七日下午六時十二分電，日軍繼續西進，先後佔據柳河溝白旂堡，感晨，日甲車抵繞陽河，九時開始向西岸攻擊，我民軍據河防守，旋日軍略退，至十一時，日又增兵進擄，我方仍竭力堅守，駐打虎山之十九路官兵聞前方警訊，現正準備候令馳援。北寧車以繞陽河鐵橋有被拆之訊，感暫通錦州。又錦州廿七日下午一時二十分電，所有日軍於感晨四時西進，以鐵甲車掩護兵車一列，過白旗堡，駛繞陽河時，日軍車首向我駐繞陽河之護路車射擊，同時有日軍約七百餘下車，以機槍向我駐防之少數步兵猛烈攻擊，我軍當即抵禦，且有死傷，旋我軍復由打虎山到鐵車一列，並護路隊等，刻正在相持中，繞陽河鐵軌頭或被日軍折毀。（二）錦州方面於感晨九時許，飛來日機□架，偵察約半小時，又飛赴溝幫子一帶偵察，始來錦州偵探一周而去。（三）駐遼陽之日軍約廿餘名，廿四日開始向西推進，圖擾營淇線，當夜掩護匪眾進攻盤山，被我公安警察擊退回巨流河南，其開到日軍聯隊，續向新民輸送大批軍用品。錦州南七下午三時五十五分電，路息我軍刻集中繞陽河車站，向東揚旗外之日軍拼死抵抗，我軍佔優勢，惟兵力較單，日飛機到溝幫子投三彈，損害未明。十七日下午日館署矢野參事官晉謁張副司令，對津事有所討論，矢野對天津日本駐軍司令官向省政府所提要求一節，認係當地應急辦法，故此間使署事前並不知情，矢野繼又請張副司令對平津日僑予以嚴密保護，張即面令公安局長照辦，□於天津事件，華方已令保安警察，非至不得已時，不得開槍，矢野亦允轉告日軍勿致事態惡化云，儉（二十八）。

北平情報處致胡市長電

民國廿年十二月十二日發同日收

胡市長、米主席、朱廳長、顧部長、中央通信社、武漢行營何旅長、日報公會、省市府、大公報、救世報、□報鑒：錦州十一日下午五時電，新民駐日軍約三百餘，車站有日憲兵十餘，盤明各華人時有被扣留或槍傷者，又該處設立地方維持會□□伯□自治警局長為楊某，商會組自衛團局□□兩方共約二百餘人外，除匪百餘駐營房內，各商號仍未開業，又駐民日軍用現洋二萬元，收買匪首兔子及蒙匪首等，所屬股匪共約一千七百餘名，編為國民自衛軍，人、馬日需八百元，迫由當地人民供給。又昨日上午十一時廿分，由東來日機一架，在省府上空約廿分，未擲彈而去。又山海關十一日上午十二時電，秦皇島九日到日艦一支，水兵七八十名，駐榆關日守備隊工事頗忙。十日由平津開來日軍百餘名，聲言換防錦州。十一日下午六時廿分電，瀋偽自治指導部長于冲漢，定十五在瀋舉行全省自治大會，通告各縣長屆時出席，並組警保互愛會，訂有章程十二條，自衛警局恢復，馬隊已在編制中。溝幫子十一日下午五時電，營口日軍近多移居河南西大廂四分局，並在該局房上設一崗位，在西砲臺南北附建營房百五十間，不時派兵車及飛機赴河北站視察，前由南滿車運到攻黑日傷兵五百多名，斷肢短足，現皆分住民房，每家二、三名不等。又大虎山十一日下午七時電，昨晨有日飛機一架，墜落興隆店屏、三家子間，下午六時，日軍由皇姑屯開出兵車一列，擬將該機運走，正有股匪前來取，雙方發生衝突，日軍開砲轟擊，所有東行客車，均被阻未開。又大虎山十一日下午七時廿分電，洮南治安，現歸張海鵬部下團長李樹田維持，市內憲警亦均歸其節制，張海鵬近在洮市散布傳單，對前江省萬主席父子百般詆毀，但日人對張仍派有日軍多名，分駐蒙邊督辦公署及滿鐵公所，監視其行動，文。

北平情報處電

民國廿年十二月廿四日發廿五日收

銜略鑒：錦州廿三下午八時廿三分電話，今日廿三由山海關東開之一零一次車，行至新民地方，突被日軍將車中乘客數十名，一併拘捕扣留，原因不明。又據交通界消息，北寧路自柳河溝站以東，因日軍西進未能通行，故自本日起東行列車恐將駛至柳河溝站為止。又據瀋陽電，大連日人近限令各成衣舖於漾（二十三）日前，作成白色衣帽三萬套，預備本月有（二十五）日攻錦時需用，因錦地目前多雪，故藉為進攻時遮掩之用。又錦州二十三日下午四時電話，今二十三日上午十時，日軍六十餘名並鐵甲車一列，突沿營溝支線，向田莊臺進攻，駐在該地附近之我方鐵甲車中山號，即與之抵抗，日鐵車稍向後退，旋日軍增援五百餘名，再行前進猛攻，自下午一時至六時，雙方尚在該地相持，我方陣地無變化，迄發電時，槍砲聲已停止，暫入休狀。按日軍此次西進，係藉口勦匪，然土匪何來鐵甲車攻擊，言行顯屬兩歧，而其大舉襲我之陰謀，自已昭然若揭云。又電，距田莊臺東六十華里之黃土坎子地方，養（二十二）晨，發現日兵五百餘名，並附野砲八門，當與駐軍發生激戰，又據田莊台來人談，田莊臺阿南馬家坨一帶，駐有土匪二百餘人，近受日方買收，按月給餉，並給被服等項，以備將來協力攻我之用。又溝幫子二十三日下午三時電，營口日軍五百餘名，攜野砲三門，正由河南向北岸輸送中，在民間強征大車百餘輛，裝運機槍及迫擊砲彈，日軍復備有撞冰用之小火輪四艘，往返遼河內，不使結凍，俾與河北日軍聯絡。營口車房停有機車兩輛、鐵甲車一輛，日軍現正改裝鐵甲，日軍在中莊者已有三百餘名。山海關廿三日下午五時電，此間發現反動宣傳單，其措詞與錦州所抄獲者完全相同，顯係某方所派漢奸之所為，其用意似在假借外交問題攻擊現政府當局，並欲激動工潮、學潮，釀成錦榆一帶之排外暴動，俾某方得有所藉口，此間當局已將該項傳單留存，並在嚴密查究中云，敬叩。

北平情報處電

民國廿年十二月廿六日發同日收

（銜略）天津三十五日下午八時卅五分電話，塘沽日軍運津之索車問題，北寧路局仍在候鐵部同訓中，惟耳聞日軍方面預定於明日廿六上午十一時先開一部份來津，餘者則定廿七日上午七時及十時分批盡數開津云。又錦州廿五日下午八時十分電，營口約有日軍五百名，海城及牛莊，共約有日軍五百名，計一千餘名，現均整裝待發，聞擬分兩路趨盤山云。又哈爾濱廿五日上午九時電，日方於本月初派出測量隊六隊，分頭查勘吉會、長大兩路線，每段均分三段，測量吉會路，自敦化至圖們江岸共約二百四十公里，每段為八十公里長，大路自長春至農安為一段，自農安至扶餘為一段，自扶餘至大賚為一段，預計明年五月可以正式動工，測量隊每隊設隊長一人，隊員八人，各隊長除吉會隊陸耕永、長大隊蕭定先二人外，餘均為日人，隊員八人計為華人三，日人五，日方最近計劃擬將吉海路、吉長、吉敦三路合併，以吉海路原有員工修築吉同路云。又錦州廿五日下午八時十分電，有午有日飛機三架飛至大窪車站，擲彈二十餘枚，將該處鐵道炸毀一段，致在該地之我軍鐵甲車兩輛，一時無法駛回，同時並有日軍一隊，向我鐵甲車攻擊，卅有我步兵兩連，騎兵一連，攜迫擊多門趕到應援，旋將日軍擊退，復掩護鐵路工人趕修該處被毀之鐵道，俾我鐵甲車得以駛回。又電，大窪車站南鐵道，有午被日機擲彈炸毀七節，被炸孔穴寬有尺餘，深約七□寸許。又本城特訊，東北政務委員會委員名單，已於二十五日正式公布如次，張學良、韓復榘、萬福麟、王揖唐、李煜瀛、徐永昌、熊希齡、龐炳勳、張繼、方杰仁、沈鴻烈、王樹常、胡適、蔣伯誠、劉哲、湯玉麟、蔣夢麟、魯蕩平、宋哲元、傅作義、吳鼎昌、于學忠、商震、劉鎮華、周作民、湯爾和、趙戴文、門致中、張伯苓、張作相、羅文榦。又本城特訊，副司令行營總務處長朱光沐、東北邊署參謀長榮臻，日前先後由錦來平晉謁張副司令，報告前方情況，並稟承一切，現已在平公畢，乃於昨二十五日夜車偕行返錦云。又瀋陽消息，日本憲兵隊嗾使土劣，及日本浪人，強佔東北印刷局，該局代東北文化社所印之東北年鑑，除偷運二千五百部到大連發售外，其餘有關東北文化之重要書籍，均付一炬。又東北民眾自決會電致特外委會及外交部，請即交涉制止日軍二千名運津吉，即錦州有事，後方立生故障，並稱任何條約國不應依據辛丑條約為惡意對華之行動，如其悍然不顧，應認為破壞辛丑條約云。又錦州廿五日上午三時廿分電，田莊臺戰役之詳情如下，敬晨九時，日砲兵由田莊臺街市向我站臺之鐵甲車附近開始射擊，將站南鐵道炸毀數節，我甲車當即退至北揚旗外，與之抵抗，同時有日機一架以機槍向我甲車掃射，經我開砲還擊，日機始飛去，旋在田莊臺河南及河北均發現日軍砲隊，並於正午十二時連續向我甲車，發砲七十餘發，命中十餘彈，尚無重大損失，我甲車乃復在抵抗中，退約八里許，午後三時半，日軍步兵一連，平射砲隊一連，由日機一架掩護，又向我甲車攻擊，當進展至田莊臺車站，此際我甲車乃集中火力，向車站衝進，猛烈射擊日軍，經此壓迫，遂行退去，我甲車遂又前進。四時半，日軍再猛力進攻，日機並在我甲車上方低翔，擲彈五、六枚，一彈中我機車，無損傷，我甲車仍極力抵禦，並有當地駐軍約二百餘人協同作戰，迄五時餘，日軍砲火愈烈，而左右之日軍復併力襲擊，我甲車兼顧為難，後退二華里，日軍亦一度進展至田莊臺車站，截至敬晚七時止，雙方尚在對峙中，雙方死傷之數尚未查明。又敬晨盤山發現日機一架，擲彈一枚，落在縣城東南之某地點，聞未傷及。又北寧路之唐家窩堡及知山站敬日均有日機飛來擲彈，尚無損傷。又錦州廿五日下午七時四十五分電，錦東北寧路幹線日軍有日尚無積極行動，午前在巨流河、新民一帶佈置軍事。西行一零二次客車，於本日上午十一時半，在興隆店被日軍阻止，迄下午四時始放行，田莊臺日軍尚未退去，我鐵甲車現堅守大窪車站，田莊之役，我軍傷少尉排長一名，死傷士兵七十餘名，日軍死傷百餘，我軍獲馬百餘匹，並東北兵工廠造迫擊砲十七挺「□」「□」式步槍百餘枝，現在形勢無甚進展。又前受日軍指揮攻佔法庫之匪首，梯子廿三日向新民日領署領取事前允給之軍事費四十萬元，該款因已先被日方豢養之另一匪首金司令冒名支去，致日領窮於應付，梯子怒，將日領署武官翻譯及金司令留署作質之子綁走，梯子匪眾，現在法庫南、新民北約四十餘里之柳樹屯地方，靜候日領交款贖票云，宥（廿六）印。

四　北平綏靖公署報告

北平綏靖公署致外交部電

民國廿一年一月廿九日

南京外交部陳部長勛鑒：據東北交通委員會巧代電，以據北寧鐵路局庚電稱，此次日軍西進，運用大批飛機，以猛烈巨彈，轟炸車站列車，危害員工旅客，毀壞軌道電線路產房屋，並有燒毀，阻止本路行車，各站另派滿鐵站長，並派駐日兵。本路原有員、司、工、警均被驅逐，不容在站服務，致關外全段幹枝各線，交通均斷，迄已旬日，未能恢復，屢次由洋員交涉，日軍均謂須候瀋陽日軍總部解決。而該總部又以須與自命瀋陽之新政府及瀋陽交通委員會商榷，故為推諉，凡此情形業經迭電陳報在案，所有本路擬先恢復交通辦法，今據報告仍被該偽交委會阻難，經即召集各處華洋首領，特開緊急會議，僉以中央未確定對日方針以前，我路為維護歐亞交通計，自應首先設法恢復行車，在可能範圍內，盡力進行，但此係枝節辦法，決非根本之圖，茲有下列各端，似宜先提出抗議：（一）日方在國聯會議要求保留勦匪自由，今竟沿本路線進兵，逾越錦縣，直達山海關，佔據本路關外幹枝各線，不容本路行車，阻斷交通，另派滿鐵站員，並日軍驅逐本路員工，不容服務，員工既非土匪，則此種暴行及反客為主是何理由？（二）在整個中華民國管領區域內，嗾使略誘，組設自命之新政權，原為世界各國所不能承認之機關，瀋陽之交通委員會，亦為偽機關之一，乃以本路恢復交通，必須與該偽交委會商榷，實屬毫無理由，本路自不能與之接議。設如近日謠傳，關外另行設局，本路有英國借款關係，尤為絕對所不許。應速預定對付方針，以策安全。（三）我國對日既未絕交，又未宣戰，現在關外段既有上述情形，關內段沿線亦均駐有日軍，隨時可以調遣，且均取敵對行動，倘在本路線內，再有軍事動作，又將如何應付？以上關係本路根本大計，不容須臾忽緩，擬請迅速籌定辦法，賜示方略，俾便遵循。毋任迫切待命之至，謹電馳陳，伏乞鑒察，正核辦間。又據佳電稱，本路近來努力關外通車，情形經迭電陳報，諒蒙垂察，查駐在關外各洋員，分投向日軍接洽，恢復幹枝線交通，數日以來日方始而藉口軍運，一再推諉，繼則無詞可措，強阻通車。本路早知其遲徊延宕，另有陰謀，果於八日，見天津日人刊行之日日新聞，登載已由所謂奉天新政府派闞鐸為本路關外段局長，成立奉山路局云云。雖尚未別據正式報告。然日方蓄意破壞我國交通，強搶北寧鐵路，已不啻昭然若揭，彼意以為本路分立兩局，有前例可援，殊不知昔日之暫分，仍為我主權之所寄，現在情勢，不侔彼所謂新政權者，受日人之卵翼，根本已不能成立。就使有國人甘為傀儡，然此次強搶本路，完全為日本武力，初無所謂新政權之軍隊。抑日軍所至，即以滿鐵人員執行站務。如此而猶藉詞為新政權者之命令，其荒謬無恥，有逾於此者乎？又日本對國聯提出保留錦州勦匪權一節，我國領土之內，勞其代謀，已極奇離之至，今竟將本路員工一律驅逐，不容服務，豈本路員工皆為匪類，必須勞其斥逐耶？溯自九月十八以來，本路為日軍鐵蹄所躪踐，慘痛已不忍言，茲更進一步而搶奪鐵路，遮斷中外交通，若竟任令假借偽名，自行設局，則淪胥之禍，寧有底止，且事關大局，決非所謂一部分之事可以從緩解決者。近頃中外旅客，責言日至，籌維因應，困難萬分，用特臚陳顛末，伏乞速就方針，稍資補救。至應如何轉知外交部提出嚴重抗議，或請友邦之主持公道，俾一線交通，賴以完整之處，仰祈鑒察施行，無任迫切待命之至各等情。據此，理合電陳，伏乞鑒察施行等情。據此查北寧鐵路，為國際交通孔道，又有英國借款關係，該日軍憑藉武力，強搶路產，蹂躪員工，妨礙交通，橫暴情形日甚一日，自應速定辦法以遏危機，除分電鐵道部核辦，並飭候示外，相應電請貴部查照，迅即提出嚴重抗議，以維交通，無任切盼之至，張學良叩，謙政行印。

五　東北外交研究委員會報告

東北外交研究會致外交部電

民國廿一年十一月廿三日發同日收

十萬火急，南京外交部羅部長鈞鑒：〇密。日人對東北居民恣意殘殺，日有報告，以撫順平頂山案為最慘酷，情形本會已得最詳細報告，為求事實萬分正確計，又密派幹員前往實地調查，據報被害之村為千金堡、栗子溝、平頂山三處，距撫順約十里至十六里不等，共有農戶五百餘家，人口三千餘眾，九月十六日早，由東來大刀義勇軍三人，在平頂山探路，被日人偵悉，同時日人疑鄰村千金堡、栗子溝亦與有聯絡，乃由撫順派遣軍隊二百餘人，攜機關槍十數梃，至平頂山召集三村村長，追問大刀隊下落。並言欲檢查三村居民，看是否有隱匿義勇軍及反動證據，聲明檢查無事時，即認為良民，將予獎賞云云。乃迫令三村男女老幼三千餘口，齊集平頂山西南溝內，先令一齊坐於地下，靜候檢查。同時將機關槍十餘梃安設於側面，約距七、八十步，佈置完畢，令群眾背槍跪起。其中機警者心知有異，站起欲奔，而日人機槍齊發，迅烈掃射，剎那之間，男女老幼狂奔亂逃，號痛之聲，達數里外。負輕傷逃出者，僅一百三十餘人，負重傷中途殞命者六、七十人，其餘男女老幼二千七百餘口，皆死於非命，間有襁褓嬰孩、幼小兒女，或因身小未為彈中，或中彈而未斃命者，蠕動於血泊屍堆中，日人一一用刺刀刺殺之。事後日人將屍身堆起，用火油雜秫楷焚之，然後將三村房屋亦盡付一炬。

三村農民所遺禾稼，皆令朝鮮人隨意收獲。三村火後空地，日人定議建設武裝移民鎮，又遼陽之筆管堡及黃沙堡，日人亦有同樣屠殺情事，似此窮凶極惡，開慘無人道之新紀錄，請向日內瓦及各友邦政府正式報告，並請國際慈善團體，澈底調查，而維人道，實不勝感盼之至。東北外交研究委員會叩，王卓然，簽漾（廿三日）印。

外交部致日本駐華公使電

民國廿一年十二月六日

為照會事：准上月二十六日來照，對於報載日本軍隊在撫順平頂山、千金堡、栗子溝等村，屠殺中國農民，焚毀屍體及民房各種事實，加以否認。查此案本部迭據確報，其最重要事實，為本年九月十六日，日軍誘集撫順平頂山、千金堡，栗子溝等村農民用機關槍掃射。因是，慘斃者竟至二千七百餘人，雖婦女孩童，均不能免。所有屍體，悉被毀滅，各村房屋財產亦焚毀無餘，證據確鑿，絕非空言否認所能塞責。日本軍隊非法佔據東三省，已一年有餘、在該地憑藉武力，任意橫行，殘殺虐待壓迫之事幾無日無之，我人民慘死或受傷於日本槍砲飛機炸彈之下者，不知凡幾，其所受財產損失亦屬空前未有。本年初，日本陸、海、空軍在中國國際商業集中之上海，猶敢以最新式之武器，任意攻擊中國居民，以致死傷無算。並縱火焚燒房屋，禁止撲滅，其屠忍慘酷，一至於此。茲日軍又在撫順附近平頂山等村，肆意屠殺中國農民，至二千七百餘人之多，雖婦孺不免，尤屬不顧人道。日本軍隊既強佔中國領土，其殘暴嗜殺，又若是之甚，實屬近代人類歷史上所罕見之事。不獨中國人民憤恨已極，舉世人士亦莫不為之震駭。中國政府以為日本政府維持日本軍隊名譽之最好方法，在以前應使日本軍隊恪守紀律，不令非法強佔東三省，攻擊上海，並不令在侵佔各地，殘殺人民。在目前應迅將非法佔據東省之日軍，全部撤退，並將佔據各地交還中國政府。乃日本政府，不此之務，往往於日軍實行用暴力侵略以後，或為之曲解事理，或為之否認事實。惟在實際上，適足暴露日本軍隊之跋扈，與日本政府應負之責任。詎容文過飾非，抹煞事實。此次日軍所殺撫順附近各村農民，證據確鑿，已如上述。
來照竟欲空言否認，殊難容忍，除保留關於本案一切權利外，相應提出嚴重抗議。即希貴公使電達貴國政府查照為荷，須至照會者。

東北外交研究委員會致外交部函

民國廿二年二月十日

逕啟者准第一〇九號函送日人屠殺撫順縣紀一冊，業經收到，相應函復，即希查照為荷，此致外交部。

日人屠燒撫順縣紀　　其一大東洲

余于役故都忽忽數閱月矣，東北諸舊好每以君自故鄉來，應知故鄉事為請，惟一身萍梗，百憂薰心，每執筆則悲從中來，雅不欲以此而重增忉怛，繼念物恥足以振之，國恥足以興之，臥薪嘗膽，更推諉於何時，對酒當歌，宜致慨夫此日，爰將撫順被難情形，拉雜述之，雖已明日黃花，然於此可以見日兵之慘無人道，民眾之敵愾同仇，偽軍之眷懷故國，並備吾人之興奮劑耳。至本章神話一節，雖事涉迷信，然言者鑿鑿，況以陪襯國聯，似亦足以當曲喻之用，東洲首被屠燒，故以開章明義云，民國二十一年冬至翌日。慕僧識。

一、**大東洲之概觀**　大東洲位於遼寧省撫順縣第六區之中心，去千金寨南三十五里，三面環山，東面臨河，舊為城，已圮，大清一統志及盛京通志，載之甚詳。編戶百五十餘，居民約六百餘口，擁田五千餘畝，有電話由打鶯咀子轉通千金寨，公安分局鄉農會均在焉。民知禮義，敦樸索，蓋衣食足而倉廩實也，迤馬和寺（在大東州北五里）達唐力屯（在大東州西八里越嶺可達）東跨河，曰孟家溝，南越嶺，曰小東洲（涉河亦可至）皆該村之附庸焉。

二、**被焚屠之遠因**　初駐撫順縣遼寧省第十五公安大隊六十四名，於本年九月三日假外出勦匪之便，毅然反正（另文詳之），師次大東洲，會東邊義勇軍第五旅旅長穆錦堂，為催辦組織義勇軍事宜，亦至該村，村民以事變經年，國軍初到，忠腸義膽，彌足敬欽，當以酒肉勞士卒。駐該村第六公安分局激於義憤，亦隨公安大隊以俱去。村有某君者（名姑隱），亦糾合黨羽三十餘人，持槍六、七枝，應時而起，盤據六區界內，仍時出沒於該村，推其用心，雖不無可誅，其名固亦義勇軍也。此后，東洲之名，遐邇咸知，日人忌恨之餘，每思有以毀之，此實該村被難之遠因也。

三、**大難之導火線** 日軍憲對該村宿怨既深，戒防尤力，於九月八日派全武裝守備隊十三名，由佐藤君雄曹長領導之下，出哨該村，途次唐力屯，馬蹄得得，揚鞭問曰，東洲無匪乎？村人應之曰無，及日軍出村，陟嶺，數少年議曰，倭兵趾高氣揚，疏不加備，潛襲於後可圖也，遂糾集少壯，整拾槍，擬追擊，並間道報請某君出兵，以為犄角之勢，俄聞槍聲大作，議遂寢。蓋日軍已抵大東洲，方與所謂義勇軍者互擊也。初日軍之跨嶺而至東洲也，逕投村長彭詳吾家，村長已畏懼潛逃，其小星之妹某，適館其家，能操日語，紿曰無匪，日軍以為果無匪也，令備餐果腹，並有一、二人解裝散步山隈（聞村長居南山之麓）。時某君者，方在小東洲聞訊，懾不敢出，眾以言激之曰，所謂義勇軍者，必也義勇兼備乎？若夫，徒能劫搶吾同胞，蹂躪吾良民，一遇義勇軍對象之倭軍，即畏縮戰慄怯不敢出，非丈夫也，請假槍械我等，願效死耳，某君不得已，始賈勇前進，越嶺趨伏於彭宅墻外。紳耆之深識遠慮者，以為攻於村，不如攻於野，攻於野倭無所怨，攻於村，東洲危矣，出而尼之，某君等未之聽，碎然一彈，斃其一，又一響，傷其一，彈貫額，血矜矜注，日軍驚惶失措，一面入室放傳書鴿報警，一鴿墮地中彈死，二鴿飛往千金寨去矣，三鴿者來時所備也。一面在手提機槍掩蔽之下，奪路退卻，出村東犇，亂流以濟，十一人北馳，一人迷途東逸，蓋即傷額之佐藤曹長也。馬嘶古道，鞭指斜陽，但見萬水千山，不辨東西南北，至一村，按圖握槍，佯謂一農夫曰，余萬達屋之警察也（萬達屋在千金寨東十五里有日警通電車，因距東洲較近故日軍偽云居此）。偶失途至此，見君長者，請示方向，農夫詒之曰，南愈向南則去千金寨愈遠，後被格於六區南陲之荒村，瘞深山中。至某君等知大錯鑄成，未敢窮追，拾日兵佚馬兩疋，馘死倭之首，逕往新賓，邀功於丁司令之前（即丁超之子時為唐聚五部副司令駐新賓之鄭家堡子村），至東洲村人亦咸度日軍必以重兵復仇，相繼逃命，留老者守戶，果不數時，而倭兵至，而東洲毀矣，然初不料禍之至於斯極也。

四、屠燒時之狀況　當傳書鴿之飛返千金寨守備隊營也，日軍憲大為震怒，撥日兵及偽兵各三載重汽車約百二十人，前往應援，比行戒之曰抵村時，警察大隊守巷口，日軍深入，務殲匪類，勿稍瞻也。行次唐力屯，大軍舍車步行，另留一部駛車，由小東洲兜勦，及抵東洲，警察大隊星羅村外，以為守望之助，日軍則直尋彭村長家，入室闃無一人，遂縱火焚之，連燎七院。初日軍之行抵鄧爾屯也，遇一穿馬褲之何長新者，問曰，爾何為者，曰吾四區分所長繳械歸家者也（當公安大隊之反正也，日軍急將令縣各區警察一律繳械，以防譁變四區分局長王某，因利害關係雖曾率警遠颺卒繳械），曰家何在，曰小東州，曰是棄官而為匪者也，縛擲車中。至小東洲街心，遇一叟未及言，彈斃之，何某自車隙窺之，即其父也，痛不欲生，輾轉車內，亦被斃身死。及入大東洲，道經馮宅，一叟方塈墻，刺斃墻下。又經那宅，一聾媼支頤床上，彈貫頭而死。有唐恆璞者，年四十餘，聞槍聲心懸家室，自南畝荷鋤歸，行抵村外一牧場，日軍手招之來，問曰此村有匪否？唐某以無對，身後一倭兵，驟彈擊之，中腦身亡，血肉模糊，至不可辨，事後有黠者，髣髴識之，不敢斷，脫其鞋，持至其家，問其妻曰，是爾家之鞋乎？答曰是，曰是則至牧場領屍可也，至已腐朽不能移葬，遂就地瘞葬焉。當日軍之方事屠燒工作也，村民如樊籠之鳥，爭相犇竄，遇警察大隊步哨，每以哀得免，活人甚眾，是亦中國人之良心未泯，不與倭奴合作之表現也。及其整裝歸寨，已晚鐘報九下矣，不意禍不單行，會棄甲曳兵而歸之十一名倭兵，亦抵營舍，檢查結果，死一佚曹長，失一馬，二創鉅痛，倭殊非斃四人，焚七廬之所可洩其憤，於悲慘戚愴空氣中，賈餘勇復興問罪之師，除已歸六載重汽車全體兵士一百廿餘人外，又添派炭礦華工百餘人，攜煤油與俱，時已昏黑不辨途徑，至郎士村，強翟宅（該宅後於十月間亦被焚毀），派二人引路，行抵馬和寺村，其先鋒遇一老者問曰，居何村乎？若非東洲人乎？老者曰，余馬和寺人也，以尋驢致深夜歸，年已八十又三，無謊言，瞿宅引路者，多方為緩頰，始得過。實此老即大東洲唐姓叟家人，強以避難他鄉者也，亦云智矣。軍復前行，聞有履聲橐橐，然初不知其為兵為匪也，先鋒匿道旁禾叢中，屏息以觀究竟，及相距不數武，見壯者六、七人，無兵器，突出怒叱曰，若非東洲人乎，其速返就死耳，眾皆戰慄恐怖，哀以放生積德，培養陰騭，先鋒竟允縱之，且告之曰，大軍且至，道宜東北，則正遇無幸免矣，眾謝畢，改道東去，止草叢中，及日軍風馳電掣而過，眾已悸不敢聲矣。行抵該村，方夜一時許，村民逃走之被阻而返者達三十餘人，日兵令在街心長跪，囑警察大隊（中國人）監視，而彼等則出村東，尋死倭之屍，跪者度無生理，均號啕不止，聲動天地，警察大隊發菩提心，謂眾曰，爾等跪亦死，不跪亦死，曷跪，為其速起，為買紙煙，眾聆言，心會其意，紛紛起，直往西犇，越嶺而四散矣，及日兵歸，揚言跪者已就戳，眾方忙於注油引火，亦未暇問卅餘人屍體之何在。其各家之守戶未逃者，正在睡夢中（吾國古者戈不射宿，以視倭奴此舉真有文野之判矣），秋風颸颸，午夜沉沉，華工在督飭之下，逐室樹薪注油，以助燃燒，同時並用機槍掃射，其未飲彈身亡者，即驅之蹈火，焦頭爛額者有之，屍骨粉碎者有之，死於墻隅院中園內者亦有之，辨姓名者甫數人耳，其餘則無從辨識，而家人方散之四方，尚無聚合，某也生，某也死，亦無法統計，言之傷心，聞之酸鼻，文明國國家決不出此，倭奴之肉尚足食乎，微其中之警察大隊及華工良心尚在，遇即放縱，否則死人更無算矣，此敢為斷言者也。小東洲焚一家，斃三人，孟家溝焚四家，其餘數十戶則因日軍先歸，責令警察大隊執行焚毀，經村人跪哀得免者也，比去鳥飛不至，火五日不息。是役也，殺人二十餘口，燒房三百餘間，牛羊雞犬無一幸免，死以數十計，財產損失，統計在二十萬元以上，傷心慘目，無逾斯者矣，茲將死者彙列於後。

姓名	性別	年齡	職業	死處	備考
馮姓叟	男	七十餘	農	墻下	時方壟墻被彈斃命
那聾嫗	女	同	理家	床	日軍入室見其支頤床上斃之
唐恆曹	男	四十	農	牧場	時南畝歸至牧場被斃
彭瞽嫗	女	七十餘	理家	床	被焚死
孟剛	男	六十餘	農	畦	火起逃菜畦被彈死
唐瞽叟	男	七十餘	同	床	被焚死
王哲	同	同	同	同	屍骨僅存（以上係大東洲人）
何常興	同	三十餘	警官分所長	巷	道遇倭誣為匪斃車下
何姓叟	同	六十餘	農	同	係何常興之父
季木匠	同	六十餘	木匠	室	日軍入室斃之
佚名某	同	五十餘	農	室	
丐某	同	四十餘		室	（以上係小東洲人）
十餘人	不詳				

五、屠燒後之悽慘　東方白矣，倭軍去矣，火焰沖天矣，歸者猶逡巡村外不敢入，既入見屍骸之枕藉，固已魂飛天外，無心救燎原之火也，男女老幼，歧路呼號，炊無米，著無衣，喪家之犬，見人則豎足，揚身作乞食狀，而飛機時復盤桓於低空，作偵察狀，並盛傳全村禾稼，統由先戕而亡之，朝鮮人刈穫，致散之四方者，諱言不為東洲人也，吁，重可哀矣。

六、日人之怙惡不悛　東洲已焚，適李春潤部大刀隊抵四區上薩許，日軍聞訊於十一日攜重砲數門，實硫磺彈前往應戰，致全村百數十戶，悉毀於火，中秋之夕，義勇軍攻千金寨未克，倭死百餘人，於十六日將千金寨南重許之千金堡焚毀無遺，死卅九人，同時復將栗子溝、平頂山兩村，悉付一炬，集村民二千餘口，偽言照像，驅山谷中，以機槍掃射，悉殉之（詳情後誌）。他如四區得力俄哈、五區東社、六區馬郡刑等村，均遭飛機擲彈，尤以得力俄哈為尤酷，炸死十數人，內數人身落屋頂，頭掛樹梢，則更慘不忍聞矣。

七、被焚前之神話 東北自民國廿一年倭人建立偽國以來，各地會局盛行（類似賭博內地洪楊亂時曾有之），風氣所播，賢者不免，故扶乩跳神者無處無之，名曰討會，唐力屯有山曰大嶺臺，高入雲際，神仙居之，內一狐自瀋陽被譴來此，預言無不中，時附該村郎巫身以說法，東洲那姓嫗，禮致之，仙果至，愀然不悅曰，汝村大禍將臨，爾等猶夢然耶！八、九月之交，洪水為災，生命財產，悉付東流，趨避不暇，尚猶討會為耶？聞者以秋潦已過，不之信，付之一笑而已，終不料其以水喻火，不幸而言中也。該村有真武上帝廟，仙謂真武帝久不在位，術者之言，亦云是盛，神仙預知而遠遁歟？若然則東洲之屠，神且無可如何，宜乎國聯之對倭奴侵略中國行為，無制裁能力也。憶傲霜庵（日人盛京時報主筆）之言曰，國聯猶廟會，各會員國猶佛像，當夫際會昇平，儺舞以答神庥，固極敬崇之，至一若可以默佑一切者，一旦大難臨前，雖抱佛頭，擁佛腳，恐亦無濟於事也，吾人對此灼見，要不能以人廢言。回憶東北事變，瞬已經年，東洲之慘劇其一斑耳，國人而甘為亡國賤夫也，吾復何言，否則徒依國聯，而不息內爭，充實力一湔萎靡杳泄之頹風，而革險巇浮薄之偷俗，吾恐劫灰萬層，定藏我華胄於九地之下，如以吾言為不當，且看國聯會議竟如何也。

（附）東北義勇軍第三軍團部呈外交部文

民國廿一年十一月

南京外交部並轉日內瓦國聯大會鈞鑒：暴日違反國聯盟約及非戰公約，悍然以武力佔據我東北三省，更脅持廢帝溥儀，捏造民意，組織所謂滿洲偽國，其方法步驟與當日之滅亡朝鮮無稍差別。我東北三千萬同胞深知警惕，遼寧東邊一帶民眾因與朝鮮接壤，覺悟更深，群擁聚五為民眾自衛軍總司令，數月以來，軍心團結，精神貫注，故先後光復通化、新賓、桓仁、濛江、樺甸、臨江、長白、安圖、撫松、金川、柳河、輝南、寬甸、輯安、東豐、西豐、海龍、鳳城、盤石、岫巖、本溪、清源等二十餘縣，進窺瀋陽，暴日大為震駭，令和田、荒木使漢奸馬龍驤赴聚五處游說，如聚五肯降，即委以遼東保安總司令名義，贈送慰勞金壹百萬元。聚五自起義之日，已置死生於度外，明知日人狼子野心，焉肯入彀，守定有斷頭將軍，無降將軍主義，將該代表拘獲監禁，日人見聚五志不可奪，爰於十月十日當我國慶之日，派日軍三師團飛機五十餘架，向聚五防區施行攻擊與爆炸，同時並用飛機亂投毒瓦斯彈，同時並用金錢利誘買我部屬，其橫暴情形，筆難盡述，撮其要者言之：

（一）我軍第八路司令徐達三、第十九路第三旅旅長姜樹魁等，受日人威迫利誘，加入偽滿洲國，此後該二人所為之一切非法行動，如假藉自衛軍名義或詭稱民眾代表，發表反宣傳時，皆為日本所逼迫，非出本心。

（二）九月十六日，日本隊長小川一郎率日軍二百餘名，突入距離撫順約十數里外之千金堡、栗子溝、平頂山村中，強迫居民三千餘人，入平頂山西之巨溝內，嚇令跪倒，然後以機槍掃射，一時男女老幼，呼號震天，聲聞數里，射畢一一檢視，其未死者，復以刺刀刺殺之，其猶蠕動於血泊中之幼兒，亦皆穿胸洞腹，慘遭屠殺，逃出者僅百餘人，旋將所有死屍注煤油而焚毀之，同時並將該三村之房屋付之一炬。

（三）十月十七日，日軍攻進通化縣城時，竟無故將商民岑鳳謨、程錫三捉獲，逼令自己掘坑入內，然後日軍填土活埋之，情景極慘，日人反從而鼓掌大笑。同日金川縣農民三十餘人，均被日軍用繩綑倒，縱獵犬十數隻撲嚙，結果我三十餘無辜同胞，竟於呼號聲中慘死。

（四）日軍既進通化之後，乃遍索良家美女，逼入妓館，館名喜樂亭，日軍恣意姦侮，士兵每次五角，官長每次壹元，婦女不屈，死者日必數起，似此兇殘，實為正義人道所不容。為此特請鈞部向日方嚴厲抗議，並電日內瓦國聯大會及各友邦，使二十世紀文明不致被日人摧毀淨盡，聚五刻在東邊撫松、臨江、濛江一帶重整所部，積極反攻，一息尚存，必與日人周旋到底，所傳負傷云云，純係日方之揑造，請勿為所惑為盼。

東北義勇軍第三軍團總指揮唐聚五叩

六　我將日軍暴行電駐國聯代表

外交部致駐國聯代表電

民國廿年九月廿五日

Sinodelegate Geneva 密。據張副司令電稱：（一）日軍用便衣隊預伏城內，襲佔瀋陽後，對於行人任意槍殺，監獄犯人完全釋放，迫令捕獲軍官簽字，承認我軍先行攻擊，破壞其鐵路、橋樑之事，凡佔領之機關，均有日本軍佔領，犯者死刑字樣，所有官署公文印信以及一切軍政兩方重要人員、物品、均在日人掌握，自可隨意造作任何證據，我方不能負責。人民軍警屍體悉數焚化，以圖消滅證據。（二）日軍於十九日晨六時佔據安東，軍警武裝悉被解除。（三）日軍於十九日晨八時，佔領營口後，復至河北中國車站破壞鐵路數段，所有機關均被監視。（四）日軍於二十一日午後五時佔據吉林省城，先由飛機在空中散布傳單，稱有吉林商民、機關、軍隊如有抵抗，必遭犧牲等字樣。（五）日軍於二十日晨，用砲向昌圖紅頂山營房射擊，將東西中三面焚壞，我軍為顧慮地方糜爛，避免衝突起見，退駐法庫一帶，以上各節均得有確實報告，其他各處有無同樣情況，現因平瀋間通訊斷絕，迄未明瞭等語，特聞，外交部。

外交部致駐國聯代表電

民國廿年九月廿六日

Sinodelegate Geneva 據報北寧路，客車二十五日上午五點四十五分至巨流河，日兵登車檢查旅客，見押路警即將制服，槍械子彈完全劫去，並綁去路警一人。同日上午十一點半，日飛機至白旗堡站，用機槍掃射車站，路員傷亡，尚未探悉。二十四日飛機追擊列車，經興隆店，擊斃旅客二人，傷五人，內有一抱孩之婦，手被擊斷，孩墜落軌道軋斃，孩婦亦即跳車軋斃。又遼寧省府主席臧式毅，自十九日被日軍劫至鮑參謀長家，以書就釁由我開之字據，迫令簽字，臧以死推，絕食至今，現又移於魯大樾宅，幽禁更嚴，生死莫卜，特聞，外交部。

外交部致駐國聯代表電

民國廿一年十月六日

急密，頃特種外交委員會議決如下：據日人經辦之聯合社消息稱，日本關東衛戍軍司令官，十月四日發表宣言，略謂向駐北大營之第七旅華軍，殺戮在滿韓民已達數百，該宣言並鄭重聲稱，欲與此等無法紀之份子，用國際最良善之會商方法進行交涉，殊不可能。又據聯合社消息，十月三日，牛莊日僑二十名由日軍之保護，退往海城，又在雞冠山、大田村、顧家村、被屠殺鮮人之確數尚未查明。據報顧家村地方發現被殺戮之鮮人屍體七具，估計在該處被中國兵士所害之鮮民，當有百數之多各等語，查現在日軍尚佔領瀋陽、吉林及本省其他各地，強樹日本之軍權，復摧殘或攫奪遼吉兩省行政機關，並占領兩省區內一切交通及通訊機關，使中國政府在該地，不但不能行使政權，即政府人員之生命自由，亦完全失卻保障，表面上日軍尚未占領之區域，日軍亦用種種方法加以擾亂，故聯合通訊社所稱殺害韓人各節，日方顯欲用作遷延撤兵之藉口，即果有其事，中國亦須鄭重聲明，即中國在東省行政權及軍權，尚未完全恢復九月十八日以前原狀時，中國政府當然不負其責任等語，請以正式宣布（日內瓦用）等語，除電施代表及蔣公使外，將電接洽（張電用）等語，希正式宣布，外交部。

外交部致駐國聯代表電

民國廿年十月九日

Sinodelegate Geneva 密。據駐日蔣公使電稱，九日報載，日飛機昨午在錦州散布告錦州市民書，全文如下：滿身野心，滿腹利慾之乳臭兒張學良，於東北民眾之民心已去，根據已失，東北四省已有反意之時，尚不悟其非於錦州設立遼寧臨時政府，將於大日本帝國軍治下安住之地方，逞其陰謀，根據正義以努力擁護權益，擁護民眾之帝國軍，決不承認張學良錦州臨時政府之政權，茲已不得已，出於以覆滅其根據為目的之積極行動，市民應服從大日本帝國軍之恩威，反對張學良政府之樹立，而防止其成立，否則認為錦州對於大日本帝國軍具有堅決反意，得澈底的破壞之，其熟慮而講求代商方法焉等語，請將此文正式備文通告國際聯合會秘書長及行政院各委員，並酌登各報。外交部。

外交部致駐國聯代表電

民國廿年十一月四日

Sinodelegate Geneva 一七九號電計達，近年日本非法舉動，就本部有卷可稽，略開如下：（一）二十年二月至七月，日軍在圖們江演習案，越境架橋演放水雷，我方兩次抗議未復。（二）同年五月十八日，日艦芙蓉號駛入內北海洲灌河口沿途攝影案，經抗議後日方搪塞其詞。（三）十九年一月十三日，延吉日警包圍細鱗河保衛隊防所，及縣立學校，捕去教員案。我方曾提出釋放懲處道歉保障各項，日方藉口該教員自赴頭道溝分館，並未逮捕，據聞該教員被日警誘捕已解朝鮮。（四）十九年十月六日，龍井村日警攻擊我軍案，我方抗議，彼方以鮮民暴行，派警前往調查為詞。（五）十九年四月十三日，日警在龍井村捕韓民學生二十餘名，中國警察阻止不聽案，我國抗議無效。（六）十九年四月卅日，日警逮捕已入華籍二十年之農會副會長金仁三，中國抗議無效。（七）十七年九月，日本博覽會設滿蒙館案，我國以日本侮辱中國，提出抗議無效。（八）日本購買青島食鹽數量及鹽價案，依照山東懸案中日協定，日本每年須購青鹽之最低限度為一萬萬斤，民國十五年至現在日本均不照條約辦理，屢次去函無效，五年來我方損失達千萬元。（九）民國元年起，日籍民永租房屋土地不換稅契案，日本籍民在福州抗不納印稅，而英美各國僑民則均一律納稅，待續，外交部條，此項電用條字編號。

Sinodelegate Geneva（十）十九年間，日軍在營口瀋陽等處建築營房案，蔑視中國主權。（十一）十九年二月廿四日，第七東豫丸載軍火至煙臺經石島，公安局扣留案。（十二）十九年六月三日，日警強提安東關查獲私運軍火案，此案實違民十安東關與日領對於在車站保獲禁品處置問題協定辦法。（十三）日漁輪侵入中國領海自由捕魚，對於中國漁船奪帆破網任意蹂躪，並有日艦往來梭巡，禁阻華方漁民捕魚案，自民國元年交涉至今，日方狡詞搪塞，每年中國損失不下數千萬。（十四）日人或臺籍民，以治外法權為護符，開設煙館販售雅片，海洛因等，中國各地均有，尤以福州、廈門為最多，有四百餘家，經中國官廳破獲後，則請日領干涉，此種案件為數甚多，其最著者，即十八年二月，漢口日人製造毒品運銷中國內地案，八月濟南市政府查有日商百餘家密售毒品案，九月十六日，延吉日警包圍鐵嶺公安局強索煙販廖元俊案，十一月二日長風丸私運雅片案，及遼寧郵局扣獲日人飯治私運海洛因案，十二月廿一日福州日籍民廖獻章庇煙率眾槍犯案，十九年間日人在高密縣販賣毒品軍火案，一月十五日青島郵局扣留日人私運毒品案，三月大連日本交易所運銷海洛因至天津、瀋陽、石家莊、吉林等地，每年四百餘萬元案，四月廿一日福州日籍民槍殺吸煙客陸細福案，五月廿八日山海關日駐軍強索販賣毒品犯人案，十二月北平有田洋行售賣海洛因案，二十年四月廿三日日人在漢口銷售毒品案，五月上海海關扣留日人雅片案，（十五）撤退南滿日郵案，依照華府合議，各國郵政均須于一九二二年十二月卅一日以前撤去，十一年八月間，中日政府派員合商，僅聲明將來再接洽辦理，以後中國屢次提議，日方均置不理，待續，外交部，條二。Sinodelegate Geneva 密（十六）九年六月，日軍艦在廟街附近擊毀華船一艘，死三十四人，傷一人，中國要求賠償，約十六萬餘盧布及撫卹等，日方以該船不理停船要求，不允負責，我駁以該處有華船曾通知日艦，且當時懸有國旗，確已停泊。（十七）是年十月間，馬賊襲琿春焚日領館，日韓死廿一人，傷十九人，日方要求撫卹賠償，我方以日軍數千，於馬賊退去後擅入延邊，肆意殘害華民廿四人，重傷四人，財產損失廿四萬二千餘元，佃民死廿三名，財產損失廿一萬餘元，墾民死三百零一名，財產損失七十九萬餘元，要求撫卹並如數賠償損失。（十八）十二年六月長沙市民在河岸講演，日艦伏見於群眾漸散時突派水兵二十餘名，登岸開槍死二人重傷十五人，我方要求撫卹等五款。日方藉口正當防範，不允照辦，我駁以市民均係徒手，死傷在日商碼頭外。（十九）青島測候所日員交代案，按照山東懸案細目協定第五（三）乙項規定，將來中國測候所職員養成後，日方職員即可交代，更定與日本測候所報告連絡辦法，十六年五月卅日中國備文請日方照辦，日本復稱並無異議後，因時局關係未能實行，十八年八月十日以後，我方屢次照會，日方竟食前言，飾詞搪塞。（二十）十九年五月十七日韓人私販搗毀安東關渡江分卡，日警奪安東關巡緝隊木棒，日人刃傷安東關員案。（二一）撤退駐華日領館日警案，我方以駐華日領館設警毫無條約根據，蔑視中國主權，歷經要求撤退，均未照辦，十九年五月卅日、十二月十六日復兩次函催，日本以日警派駐為保護及取締日僑，其方針在使與華警保持聯絡協調等語搪塞。（二二）本年四月間郝永德呈請長春縣長准其招集韓民，在萬寶山墾荒未經批准，六月間竟轉租與韓民挖溝築壩，被害農民出而阻止，日警武裝藉口保護，擅入內地向民開槍，經部二次抗議無效，待續，外交部，條三，五日。

Sinodelegate Geneva（二三）十七年二月廿七日晚，日輪錦江丸迷霧觸礁，在福建平潭縣大富港沈沒，船員卅餘人由我國漁船救出，乃翌晨突來谷風等三日艦，不分皂白，向岸上民眾及船上漁民開槍，擊斃十二人傷廿七人案，經福建交涉員抗議，要求懲兇撫卹等項無效。（二四）十九年七月廿八日，龜井村陸軍連附張鳴全抓賭，被日警毆辱案，不良韓民聚賭詐財，我軍當派連附前往拘獲賭犯三名，歸經日警派出所，被日警將賭犯奪去，毆傷連附，經我方抗議，日領諉為誤會。（二五）十八年六月十五夜，日警闖入瀋陽郵局，刀傷信差李萬林案。（二六）十八年八月廿三日，瀋陽日警打傷信差何友三案。（二七）十八年九月廿三日，遼寧鐵嶺日兵與警察衝突案，日軍擅入我內地捕保安隊卅餘名，用刑威逼搗毀居民器具，驅商民長跪，百般淩辱。（二八）十八年六月廿四日，遼寧蓋平縣，日警擅入我內地捕人槍殺張玉堂案。（二九）十八年十月十七日夜，瀋陽縣農民一人，在鐵路側徘徊，日守備隊遽開槍擊斃案。（三十）十八年九月十四日，日軍第三十八聯隊在長春演習，損壞民田數垧，忽派兵四百餘，包圍第二區公安分局，割斷電線，擄去警察園丁並槍彈，用刑拷打，強迫承認開槍案。（三一）十九年六月二日，日守備隊在南海鐵道旁，槍殺賣菜農民甯寶臣案。該民素稱誠實，日本誣為竊賊，抗議無效，外交部，九日，條五。

Sinodelegete Geneva（三二）十七年二月，日人細野繁勝著日本併吞滿蒙論，經駐日使館抗議，外務省答稱，此類私家著作，僅以發表個人意見，苟非顯於法律條章，不得以行政處分，遽加干涉等語。（三三）十九年十月廿三日，福州日領派員擅拆私販煙土，與籍民無關係之意發洋行封條案。該煙館確係華人林永基、張澄森產業，而五月廿一日，日領復有與籍民無關之煙館，可由我方逕予緝辦之聲明。（三四）二十年四月八日，日軍壓迫安東電廠案，日人忌我方電廠與彼競爭，乘我方廠工豎立木桿時，調來守備隊數百名，百般威嚇勒令——黃秘書某當場立據。（三五）二十年六月，日本守備隊強佔臨檢縣王子良等四人田地為打靶場案，該民等田地坐落第一區十六鄉涂家莊，距日營約二里餘，不意該守備隊硬將王等已種之地鏟除，作為打靶場，兩旁擴溝為界，外交部，九日，條六。

外交部致駐國聯代表電

民國廿年十一月十七日

Sinodelegate Geneva 近年來日本人民違法案件，吾方未獲救濟，就本部有案可稽者，略開如下：

（一）十九年十月十一日，大亨輪大副鈴木威逼茶役吳子剛落水斃命案，經該輪船主簽字證明由本部交涉無效。（二）十九年十一月廿二日，陳金官在上海被日人森村汽車輾斃案，日人僅欲以五十元了結，仍未結。（三）十六、十七兩年，日商正金銀行等積欠鷄公山避暑房金案，屢次索討未還。（四）二十年六月十一日，日人在東省組織自主同盟會，激烈反對中國行政措置，由部函日方阻止無效。（五）十九年六月廿日，皖教廳科員徐世藻乘日輪墜水殞命案，日輪抵安慶，不待乘客下輪即開駛，致徐落水斃命，我方要求賠償五萬元無效，（六）廿年九月十四日，嘉□不服檢查，開槍示威案，宜昌警備司令，因江匪危及治安，□駛輪一律檢查，日輪開槍而逸，經我方抗議，日方否認開槍。（七）十八年十一月廿五日，濟南天龍號及東昌洋行私售軍火案。（八）廿年四月，津島丸私運軍火案。（九）廿年正月間，武陵丸私運軍火在下關搜獲案。（十）十七年二月十八日，厚田第二丸撞沉新大明案，溺旅客四百餘人，貨物財產損失六十餘萬元，雖船公司損失已經公斷，勉強結束，而對於生命損失延未賠償。（十一）十八年七月廿一日，龍野丸撞沉新康案，溺斃乘客六十七人，貨物損失二百餘萬，至今分文未賠。（十二）十九年一月廿六日，姬島丸撞沉朱阿良漁船案，損失三千六百餘元，分文未賠，外交部，條七。（十三）十九年四月廿六日，東慶丸在蕪湖撞沉金同安船案，溺斃一人，船貨損失七萬五千元，分文未賠。（十四）廿年四月五日，益進丸在南通撞沉許惠源船案，損失二萬餘元，分文未賠。（十五）廿年五月廿一日，武陵丸在岳陽撞沉裕金聲船案，損失四千九十元，分文未賠。（十六）近年來福州閩報，上海每日天津日報，聯合電通新聞兩社，肆意造謠宣傳反動，經本部及淞滬警備司令部屢次交涉，日方設詞推搪。（十七）十六年六月十九日，商陽丸在南京江中撞翻划船，損失八萬二千五百元，未賠。（十八）十七年十二月十四日，岳陽丸在南京江中撞翻划船，生命財產損失壹萬八百餘元，划船損失百六十元，未賠。（十九）十八年七月八日，信陽丸在沙市上巡司巷口撞毀提岸未結。（二十）十九年一月四日，大吉丸機士在武穴殺斃王海林案未結，外交部條八。

外交部致駐國聯代表電

民國廿一年一月廿三日

Sinodelegate Geneva 青島日僑於十二日聚集暴徒千餘人，至青島市黨部縱火，將該市黨部房屋全部燒毀，已向日使提出嚴重抗議，要求道歉緝兇賠償，並保證將來。十八日日僧五名，又在上海閘北附近與中國工人衝突，日僧三名受傷，市府與日領正交涉間，二十日日人竟在三友毛巾廠縱火，經派警彈壓當場檢獲引火藥包及酒瓶等物，均係日本貨品。當三友廠被火時，該廠前公共租界華德路底第一報警亭之守衛巡捕，正用電話報告捕房，突被日人三四十名，圍集亭前將該捕斫落三指，餘均受重傷，並將電線截斷，另有巡捕一人奔赴公共租界臨清路，擬再打電話，被該日人等在後擊死，向公共租界工部局查詢，據稱此次起火確係日本浪人所為，當該日人逃入租界時對華捕抗拒，結果華捕死一傷二，日人傷二死一，頃據報告，日本開來大批軍艦，隨運戰機多架，二十五日到滬等語。查日本不顧國聯決議，在沿海各地故意因細故擴大事變，形勢異常嚴重，希通告國聯，所有因日方挑釁發生之一切責任，應由日方完全擔負，並從事宣傳喚起國際注意，外交部。

外交部致駐國聯代表電

民國廿一年六月廿四日

Sindelegate Geneva 頃接張主任轉來馬主席五月十一日致國際聯合會一電略稱：國聯調查團將來時，日政府恐暴跡顯露，捏造是非，以為掩蔽。調查團第一次報告謂，日軍在東北者僅二萬五千人，其實自九一八事變後，日方軍隊盤踞東北者常川來去，額數約五、六萬人，且日僑皆為新兵，徵發立至，尤不可計，嗣因調查團東來，將各處軍隊密載火車，運匿小站，或藏匿江防艦內，以避耳目，上月二日占山脫離卜奎時，騎兵第八旅長程志遠，年老病篤未行，日方強迫其為傀儡，所發命令，無異日人自為，近又利用程氏名義發餉，誘我各部隊，令各通電，正式聲明服從偽國。又接轉來銑電稱：日人假民族自決之名，現正亟圖將呼倫路各富庶之區，澈底破壞，以期消滅抵抗工作，此次攻陷沿線之萊、綏、海各縣，到處以飛機擲彈焚毀街衢，大軍入城任意屠戮姦淫，海倫縣屬天主堂一處，竟殺淫教徒與人民至一百零八名，此外呼、綏、海日軍經過各處，更不能計，日軍遇人即問國籍，如答係中國人，則毆打刺殺，必答係滿洲國始頷之，凡在東省居住或經過，必以強制力使同化於滿洲國等語，特達，外交部，廿六日。

第二節　東三省事變中國所受損失

一　遼寧邊業銀行被日軍佔據

東北外交研究委員會致外交部公函

民國廿一年二月廿四日

逕啟者：案查暴日逞兵東北，損失至鉅，現值國聯派員調查，我方損失狀況，極應統計宣布，茲將遼寧邊業銀行被日軍佔據情形，照抄一份，函送大部，即希查收備查。並希復示為荷，此致外交部。

計附遼寧邊業銀行被日軍佔據情形一份。

委員長　張學良

主任幹事　王卓然

本行為一中國商業銀行，資本已收足國幣五百 二十五萬元，存款在四千萬元以上，經政府特許代理國庫發行鈔券，其信用與實力，在中國東北部無出其右者。不幸於二十年九月十八日，暴日佔領遼吉兩省時，素來抗制日本經濟侵略東省之瀋陽邊業銀行，同時亦被日軍佔據（據悉中國之東三省官銀號，中國銀行、交通銀行、國貨銀行、滙華銀行等，亦有同樣情形）。當時由日軍十餘名，在本行正門，安具機關槍兩架，禁止華人出入，八名闖入辦公室，先則解除護勇之武裝，繼則割斷各電話線，更勒索庫鑰，舉刃威逼，司庫員以迫於暴力，拒抗無方，庫鑰竟被奪去，並在金庫上加貼封條，上書「日本軍佔領，犯者死刑」字樣。立將行內人員全數驅出，並在本行附近各街口皆置日兵把守，不准華人往來，本行營業於是被阻中輟，迨至十月二日至五日，日軍派關東軍司令部軍需官中原、久間猛等四人，偕同日軍十餘名，尋逼經理、股長等到行，查閱本行帳目，並嚴令具結，不許自由開業，不准擅動庫款。十月十二日，該軍部又迫令地方維持會出具聘書，聘請日人首藤正壽充本行顧問，又該司令官本庄繁復派日人酒井等二人為本行諮議，並限十月十五日在其嚴厲監視下復業，以掩飾國際間耳目。此乃本行被佔後迨復業前之經過情形也。自開業以後，該顧問、諮議盤據行中，掌握實權，儼同領袖，事無鉅細，均經其手，表面上雖云復業，而實際上日人不准營業，如向來本行所辦便利商人之無利滙兌，被禁停作。接濟商民艱難之貸款，被禁停放，各項大宗存款不准存戶來取（日人諮議強令在存戶帳上蓋以停放戳記），庫內寄存貴重物品，不准顧客來提，本行向在日本之朝鮮銀行存有金票壹百壹拾萬元，正金銀行存有正鈔一百三十萬元，除一部分外，該行等拒不交還，日人諮議復勒索將存款花旗銀行之大洋十一萬元及存放他銀行號之款移存朝鮮正金銀行。本行紙幣向係無限制兌現，今日人竟迫令只准每人兌換五十元，華人兌現，在西華門兌換，所被日人用刀刺死傷者，如王才等已有十餘名之多，而日本人、朝鮮人則准予隨便兌付，所有本行在東三省所設之二十五處分行，皆被日軍相繼同樣蹂躪，本行庫存現款素極充實，以之應付存款，兌換本券，綽有餘裕，乃日人竟予阻撓，故意限制，以圖施其破壞本行之信譽及摧殘東北金融之詭計，不特此也。日軍更派軍部鈴木顧問及軍需官等，於十月中旬，由東三省官銀號及本行，提去現洋壹百萬元，用飛機送至黑龍江省，作為日軍攻打中國官吏黑龍江省主席馬占山軍費。其他濫用威權，越俎行事之處，不勝枚舉，直視本行為戰利品，為所欲為，此本行復業後最近之情形也。

二　東北軍民死亡統計

東北外交研究委員會報告

民國廿二年一月十一日

茲將自二十年九月十八日起至二十一年十二月底止，根據大阪每日新聞所載，東北民眾被日軍殺死數目，列表如下：

地點	時間	人數	報名	備考
寬城子	九月十九日	一三	大阪每日新聞	兵
北大營	同	數百名	同	同
四平街	同	一〇	同	暴民
九道溝	二十日	四	同	同
公主嶺	同	數名	同	馬賊
黑山	二十一日	五十貨車 三個聯隊	同	兵
瀋陽	同	一	同	同
長春	二十八日	十數個	同	同
四平街	十月六日	八	同	同
同	十三日	五	同	馬賊
開原	四日	三	同	匪賊
頭道溝	同	五〇	同	馬賊
昌圖	五日	八〇	同	兵匪
洮昂線	七日	二〇〇	同	兵

地點	時間	人數	報名	備考
大興	八日	一個團長 二個將校 兵四十六名	同	馬占山部
同	同	二百名以上	同	同
海城	十日	四〇	同	兵匪
大興	五日	將校三名 兵一百名	同	馬占山部
同	六日	將校一四名 兵五〇〇	同	同
同	同	衛隊五〇〇	同	同
伊通縣	十一月十三日	一五〇	同	同
齊齊哈爾	十八日至二十一日	一、〇〇〇	同	兵
溝幫子	廿一年一月二十八日	七	同	匪賊
打虎山	一月廿五日	一、〇〇〇	同	同
溝幫子	同	六〇〇	同	同
北鎮	同	五〇〇	同	匪
錦州	十九日	一六	同	匪賊
柳條溝	一月十六日	三〇〇	同	徐文海隊
錦西	十日	一〇	同	匪
大石橋	同	四六	同	匪賊
鳳凰城	同	一	同	孫云五
張臺子	同	四〇	同	匪
大石橋	六日	一、一〇〇	同	同
大凌河	七日	五〇	同	同
盤山	五日	五〇	同	義勇軍
劉二堡子	同	七〇	同	同
沙河鎮	同	五〇	同	匪
大石橋	同	六〇	同	同
巨流河	十二月一日	數名	同	匪賊
新民公民屯	六日	三〇〇	同	同
虎石臺	十一日	八	同	同
沙河	十七日	一〇	同	同
白旗堡	十八日	四	同	同
邊江口	廿一日	二〇	同	同
孤家子	廿三日	一〇〇	同	同
里仁屯	廿二日	數百名	同	同
舍字屯	廿四日	二〇	同	同

地點	時間	人數	報名	備考
鳳凰城	廿六日	一〇〇	同	同
大窪	廿九日	六七	同	同
同	同	一、五〇〇	同	同
同	廿八日			裝甲車人員全部被捕
石頭城	同	一〇	同	匪賊
五龍背	同	四	同	同
鞍山	一月四日	一七	同	同
新民屯	同	四〇	同	張學良軍別動隊
大石橋	三日	三一〇	同	兵匪
盤山	二日	六五八	同	兵
鞍山	同	一〇	同	同
雙城堡	卅一日	六〇〇	同	吉林兵
雙城	二月二日	七〇	同	同
葉家堡	五日	五六	同	匪賊
賓縣	九日	八〇〇	同	兵
鄭家屯	三月六日	一〇〇	同	匪
湯山城子	七日	五	同	同
瀋陽	十二日	一五	同	馬賊
綏中	十八日	五	同	義勇軍
同	十九日	六	同	王以哲第七旅義勇軍
天寶山	三月二十三日	六	同	賊團
黃泥河子	二十一日	一〇	同	同
大皇溝	二十五日	一五〇	同	兵
小沙灘	二十七日	三〇〇	同	同
東京城	二十七日	一、〇〇〇	同	同
海林	三十一日	一五〇	同	王德林軍
東鐵東部	四月七日	五七〇	同	反吉軍
八道溝	二十日	三〇	同	兵匪
海林	二十八日	二〇	同	反吉軍
通化	五月一日	一五〇	同	匪賊
百草溝	五月一日	二〇	同	匪賊
通遼	三日	一〇〇	同	同
北山城子	十日	七〇	同	大刀會
柳河	十三日	一〇〇	同	匪賊
馬船口	十八日	五〇	同	反滿洲軍
扶餘農安	十六日	五六〇	同	李海青軍

地點	時間	人數	報名	備考
烏吉密河	六月十二日	二〇〇	同	反滿洲軍
大桑林子	九日	八〇	同	匪賊
穆稜	十一日	五〇	同	騎兵
北鎮城	十三日	五〇	同	馬占山軍
敦化	十三日	二〇	同	馬占山軍
敦化	十五日	數十	同	紅槍會
帽兒山	二十一日	同	同	馬占山軍
滿浦鎮	二十二日	三〇	同	兵匪
南口前站	二十五日	三〇	同	同
敦化	九月二日	二	同	同
海倫河	三日	三〇〇	同	同
安達	二日	三〇〇	同	馬占山軍
呼海線	五日	一三〇	同	同
華林村	七日	六〇	同	同
大石橋	九日	三	同	匪賊
大興咀子	十二日	二〇四	同	同
哈爾濱	同	一六	同	同
草河口	十四日	三	同	大刀會
撫順	十六日	五〇	同	匪賊
通遼	二十日	二三	同	同
鄭家屯	二十二日	一七	同	同
錦州	同	一〇〇	同	同
昂昂溪	二十六日	五〇	同	同
富錦	二十七日	五〇	同	丁超軍
呼海線	十月三日	五〇〇	同	匪賊
洮昂線	六日	一、八〇〇	同	同
呼倫貝爾	二十日	一	同	高團長
紅力橋子	二十一日	二六	同	唐巨五部下
臨江	七月十日	一〇〇	同	大刀會
瀋海線東	十九日	三	同	敵匪
拉哈	十二日	一〇	同	紅槍會
渾水泡	二十三日	四八	同	大刀會
一面坡	二十三日	二五〇	同	同
綏中	二十七日	一五〇	同	鄭桂林軍
海倫河	七月二十七日	二〇〇	同	馬占山軍
營口	八月二日	一〇	同	老北風部下
同	三日	三〇	同	義勇軍
陶家屯	二十四日	二	同	救國軍

地點	時間	人數	報名	備考
長安嶺	十二月四日	一三	同	蘇軍
冷水泉子	七日	三八	同	匪賊
黃花甸子	二十日	三	同	同
大邊峰	二十三日	一、〇〇〇	同	同
紅花嶺	二十五日	一六〇	同	紅槍會
鳳凰城	三日	六〇	同	大刀會
泰安	十一月二日	一、〇〇〇	同	李家振軍
佳木斯	十八日	三〇〇	同	匪賊

自八月一日至八月二十日間，戰死者一、四三九負傷者二、〇〇〇（據大阪每日新聞八月二十日統計）。以上冊列除數目含混及負傷者不計外，清晰者共總計二萬三千六百六十二名，特此聲明。

三　空軍損失

東北外交研究委員會報告

民國廿一年二月十八日

東北航空軍瀋變損失估計（以國幣計）

甲　直接損失之部

1、司令部辦公及寄宿暨雜項房舍二百餘間，估值二十萬元。

2、飛機棚廠三所，估值三十萬元。

3、工廠廠房五所，倉庫及特別彈藥庫十所，估值三十萬元。

4、新舊飛機二百六十餘架，發動機四百五十餘架，估值四千萬元。

5、飛機及發動機備件三十餘種及各種儀器並無線電機照片器等件，估值一千萬元。

6、工作機五十餘種，工俱數千件，估值五十萬元。
7、電汽及蒸汽原動機件，估值五十萬元。
8、機關槍、步槍、各一百餘架，手槍六十餘支，平射砲四門，子彈四十餘萬粒，炸彈一千四百餘枚，共值一百八十餘萬元。
9、汽車四十餘輛，估值三十萬元。
10、油類及五金等各項材料一千餘種，估值十萬元。
11、醫院器械一百餘種，藥品三百餘種，估值三萬元。
12、桌椅凳櫃架及其他各種器具三千餘件，估值十萬元。
13、金櫃及銀行存款被扣數目約計二十萬餘元。
14、服裝給養損失，約二萬五千餘元。
15、被害兵夫四名，約需恤金二萬元。

以上係原有財產全數直接損失，共計約值五千四百三十七萬五千元。

乙　間接損失之部

1、員工在瀋家宅中損失及遷移費用約一百五十萬元。
2、商人因事變不能交貨，本部損失訂金約一百萬元。

以上間接損失約計二百五十萬元。

總共損失約計五千六百八十七萬五千元。

附記 1、本部飛行場及建築物佔用地面一千四百餘畝，因係國有土地，故未估價。

2、損失公文全部，不能計算價值。

四　東三省事變損失綜合統計

東北外交研究委員會報告

民國廿一年十一月四日

逕啟者頃准，貴部世電請將東北損失總數電示等因，查東三省完全被日佔領，土地、人民、財產完全損失，在日軍未撤退前零星損失數目無從調查，本會現有損失調查統計表亦不完全，恐不適用，未敢公表，准電前因相應檢同現存損失，調查統計表乙份送請查收，以備參考。再此項損失調查統計表係現任統計處科長孫拯經辦，孫拯現屬南京樹德里二十一號，如有疑問請就近接洽為荷。此致外交部。

計附損失調查表一冊。

東北外交研究委員會啟　十一月四日

東北事變損失表

		元	角	分	釐
一	軍事機關損失	五二九、八一八、二三三	六	一	〇
二	民政機關損失	七〇、八四四、五六九	〇	〇	〇
三	交通機關損失	五一〇、七九三、四九六	三	五	〇
四	金融機關損失	五九五、〇八六、一三一	〇	〇	〇
五	學校及文化機關損失	一五、三一五、一六八	〇	〇	〇
六	實業損失	九、八一三、一五一	〇	〇	〇
七	財政及其他收入損失	一〇三、五三六、〇〇〇	〇	〇	〇
總計		一、八三五、二〇六、七四八	九	六	〇

本表與前開表件數目不同主要原因為（一）南京外交部委託中央黨部統計處計算鐵路損失為六三〇、七四一、二一六元，頗較交通委員會原報告之數為鉅，本會先聞南京已提出損失表，並保留備充與他項數目，本會所計者皆較大，惟此項較小，故用外交部之數，現議案處來京接洽之後，知該處計算之數並未提出，故為根據確實起見，仍依交通委員會數重計。（二）與議案處接洽之後，關於各經費之分類，方法稍有變更。（三）最近又有補充之數，尤以郵費方面為然。

東北軍事機關損失表

	元	角	分	釐
東北邊防軍司令長官公署	三七、〇〇一、六〇五	七	九	七
東北航空軍司令部	五六、八七五、〇〇〇	〇	〇	〇
東北海軍司令部	四四五、三四八	〇	〇	〇
東北憲兵司令部	一五四、四〇〇	一	〇	〇
東三省兵工廠	三二九、九六二、二九四	〇	〇	〇
東北迫擊砲廠	八、九三三、六六九	〇	〇	〇
東北陸軍糧秣廠	二、四一五、四〇一	五	二	七
遼寧被服廠	七、五四六、四八一	五	〇	〇
二十萬奉大洋按五十元一元折合				
東北軍工廠	八一、四四三	〇	〇	〇
東北講武堂憲兵教練處附	五、四一六、四六二	一	九	六
參謀本部東三省陸地測量局	七、〇七九、八九〇	〇	〇	〇
東北陸軍醫院	四三三、六一七	〇	〇	〇
東北學生隊	二四四、六四二	〇	〇	〇
東北陸軍通信大隊	五一四、一〇二	一	九	〇
東北陸軍輜重幹部教導隊	九、〇七九、四八〇	〇	〇	〇
東北陸軍鐵甲車大隊	一八〇、〇〇〇	〇	〇	〇
東北陸軍獨立第七旅	三、六二二、七四九	〇	〇	〇

	元	角	分	釐
東北陸軍砲兵第六旅	一四〇、七五二	二	五	〇
東北陸軍砲兵第七旅十五團	二、五九二、〇〇〇	〇	〇	〇
東北陸軍砲兵第八旅	二、七八四、三〇九	〇	〇	五
東北陸軍獨立第十二旅	一二八、五六七	〇	〇	〇
東北陸軍騎兵第三旅	一九〇、一九三	三	〇	〇
東北陸軍暫編第一旅	二、〇一五、六五四	〇	〇	〇
東北陸軍獨立第十九旅 該旅未開價值比照二十旅估計	約 一、〇〇〇、〇〇〇	〇	〇	〇
東北陸軍獨立第二十旅	一、〇一六、四一九	〇	〇	〇
北平綏靖公署衛隊統帶隊	二、八六〇、七五四	七	〇	〇
東北獨立工兵第一團	二三三、四一九	〇	〇	〇
興安屯墾公署	四、〇六六、五〇〇	〇	〇	〇
黑龍江省軍事機關損失	一四、八〇三、〇八〇	〇	〇	〇
吉林及東省鐵路護路軍損失概估	二八、〇〇〇、〇〇〇	〇	〇	〇
係比照黑龍江數目大略加倍計算				
總　　計	五二九、八一八、二三三	六	一	〇

東北事變民政及官營實業機關損失表

甲	民政機關損失	元	
	東北政務委員會	一六、四八六、一六五	〇〇〇
	最高法院東北分院	五九、二三四	〇〇〇
	遼寧財政廳	一五、七五〇、〇〇〇	〇〇〇
	遼寧實業廳	二、五三三、〇〇〇	〇〇〇
	遼寧教育廳	三五、〇〇〇	〇〇〇
	內有日金五千元按每元合國幣一元計		
	遼寧警務處	二、一五八、三九四	〇〇〇
	瀋陽市政公所	二三五、五〇〇	〇〇〇
	黑龍江省政府	四五八、〇〇〇	〇〇〇
	黑龍江民政廳及各縣公署等	一一、五七四、〇〇〇	〇〇〇
	黑龍江財政廳	四五、二七六	〇〇〇

	黑龍江教育廳	二四五、〇〇〇	〇〇〇
	黑龍江實業廳	八七五、〇〇〇	〇〇〇
	黑龍江全省警務處	二〇、三九〇、〇〇〇	〇〇〇
	甲、共計	七〇、八四四、五六九	〇〇〇
乙	交通機關損失	元	
	東北交通委員會	四、二七九、八五六	〇〇〇
	交通用品製造廠	四八四、〇〇〇	〇〇〇
	鐵路損失（細數見次頁）	四四八、九二八、八〇七	三五〇
	（1）北寧路資產及損失	三三七、五八八、四五五	三五〇
	根據交通委員會第二次修正數目		
	（2）四洮路（建築帳）	二一、八四三、七二二	〇〇〇
	各路數目皆根據民國十八年建築帳數故不免較實數為低		
	（3）吉長路（同上）	九、七一五、三三三	〇〇〇
	（4）吉敦路（同上）	二三、八八五、三三三	〇〇〇
	（5）洮昂路（同上）	一三、三八五、四三四	〇〇〇
	（6）齊克路（同上）	一、〇〇七、二一一	〇〇〇
	又損失	四、三〇〇、〇〇〇	〇〇〇
	根據黑龍江省政府報告		
	（7）瀋海路（建築帳）	一四、五〇二、〇九四	〇〇〇
	（8）吉海路（同上）	九、一一三、一五一	〇〇〇
	（9）洮索路（同上）	一、五〇〇、〇〇〇	〇〇〇
	（10）呼海路（同上）	一一、〇八八、〇七四	〇〇〇
	又損失	一、〇〇〇、〇〇〇	〇〇〇
	根據黑龍江省政府損失		
	電政損失	三六、八〇〇、八三三	〇〇〇
	電政損失東北電信管理處尚綏靖主任報告之數與交通委員會數目不符茲用交通委員會數目		
	航政處附屬機關損失	二〇、三〇〇、〇〇〇	〇〇〇
	乙、共計	五一〇、七九三、四九六	三五〇
丙	金融機關損失		
	東三省官銀號	四三四、七一七、六〇一	〇〇〇
	邊業銀行	一五四、二六八、五三〇	〇〇〇
	黑龍江官銀號	六、一〇〇、〇〇〇	〇〇〇

	丙、共計	五九五、〇八六、一三一	〇〇〇
丁	學校及文化機關損失		
	東北大學	一一、八八一、八八〇	〇〇〇
	東北交通大學及其他附屬交通委員會各中小學校	一、八三七、七〇〇	〇〇〇
	遼寧省報告各學校損失	七四七、一八六	〇〇〇
	見遼寧教育廳損失表中		
	黑龍江學校及圖書館通俗社等損失	八二四、〇〇〇	〇〇〇
	見黑省教育廳損失表中		
	東北民眾報社	二四、四〇二	〇〇〇
	丁、共計	一五、三一五、一六八	〇〇〇
戊	實業損失		
	東北礦務局總公司	三〇、〇〇〇	〇〇〇
	復州灣煤礦	二、九五七、四〇〇	〇〇〇
	八道濠煤礦	四、三一六、七五〇	〇〇〇
	西安煤礦公司	二、一八六、〇〇〇	〇〇〇
	煤窨溝及阜新煤礦	二七、〇〇〇	〇〇〇
	復縣及大東粘土礦	三五、〇〇〇	〇〇〇
	黃土坎及黑松林錳礦	二〇、〇〇〇	〇〇〇
	海城大領滑石礦	二三、〇〇〇	〇〇〇
	本溪湖林場	一六〇、〇〇〇	〇〇〇
	戊、共計	九、八一三、一五一	〇〇〇
己	財政及其他收入損失		
	遼寧國地收入（按一年四分之三計）	五一、〇〇〇、〇〇〇	〇〇〇
	吉林國地收入（同上）	一八、七五〇、〇〇〇	〇〇〇
	黑龍江國地收入（根據萬主席報告）	一四、二八六、〇〇〇	〇〇〇
	鐵路收入　除北寧路收入損失已自行估計外其他關外各路收入共約二千六百萬元按四分之三計	一九、五〇〇、〇〇〇	〇〇〇
	己、共計	一〇三、五三六、〇〇〇	〇〇〇

天津事變損失表

一	教育機關損失	二二、九三五・五四	詳見天津社會局表
二	行政機關損失	四一一、九二一・一三	
三	人民營業損失	四、七八七、四〇三・〇〇	詳見天津公安局表
四	住戶損失	四七七、一五四・〇〇	
五	工廠損失	七二九、一七五・〇〇	
六	警所損失	一、九二九・〇〇	
七	死傷損失	一一三、〇〇〇・〇〇	
	共　　計	六、五四三、五一七・六七	
官辦鐵路損失		六三〇、七四一 、二一六。	

計北寧、四洮、吉長、吉敦、洮昂、齊克、瀋海、吉海、呼海、洮索等十路共長三、四〇八、六八公里。

其資產與營業損失達六二五、九七七、三六〇（係根據所報告之最初建築費，並加以累年增添之建築物與增長之物價以及半年來營業之損失）。

交通用品製造廠損失　　四八四、〇〇〇。

東北交通委員會損失　四、二七九、八五六。

此係國聯招待處議案處抄來，南京中央黨部統計處根據本會抄送外交部之損失表，並其他材料估計鐵路損失之數，本會前列此數，係聞南京已提出國聯，現詢知並未提出，故現在仍依交通委員會報告之數計算。

五　新聞報導

九一八給我們的損失

國聞週報記者　大炎

日本對華積極政策，是數十年來的一貫政治方針，吞併滿蒙是日本軍人的意思。九一八事件，完全是這幾十年來醞釀的結晶，伴著國內資本主義矛盾的尖銳化，顯出生產過剩貿易減退，失業恐慌，農村破產等現象；又迫於蘇俄五年計劃，竟在四年成功，國防漸臻堅固，生產日趨隆盛的危機，使她不得不做最後的狂吼，斷行露骨的侵略。

九一八事變，日方唯一的口實，就是滿洲是「日本的生命線」，日本對國際的解釋，總是「自衛權的發動」和「擁護特殊權利」兩句話。我們的東三省果然是日本的生命線嗎？強佔東三省是日本全國民眾的要求嗎？關於前者，可參考東北問題研究會出版之「東三省果為日本之生命線耶」一書，可知決非日本之生命線。關於後者，日本左翼作家室伏高信氏所著之「滿蒙論」詳為剖析，證明決不是日本大眾的要求。進一步說，我們的東三省，不但不是日本的生命線，那豐富的農產，占我國對外貿易的主位；雄厚的礦業，綿密的鐵道，對我國產業上的關係，以及國防上的重要，無不影響我們全國經濟的盛衰和國家的興亡。所以東三省的確是我們的生命線。本篇的主旨是記述東三省土地人民、農業、礦業、林業、交通、國外貿易等都一旦斷送給日本，和國防上的危機以及津滬事件的總損失等，以客觀的事實，說明東三省委實是我們的生命線，斷不可輕易拋棄，並證明敵國日本的確有亡我們的國，滅我們的種的凶狠慾望。

從去年九一八，到今年九一八，忽忽一年了。日本的侵略一天比一天緊迫，一次比一次毒辣，反觀我國丟了這許多土地、這許多人民、這許多資源，國人依然要安逸樂，若無其事，無怪引起國聯調查團的詫異，我們現在紀念九一八，願將「九一八」給我們的損失，加以清算。並且要警告國人，中國雖然地大物博，照這樣下去，丟不了幾次。

（一）**土地**：東三省的面積，據武昌新亞地理學社出版的大中華民國分省圖載；遼寧的面積約「東西距約一千三百里，南北距約一千六百八十餘里，面積為方里者四十六萬五千」，吉林「東西距約一千四百八十里，南北距一千四百五十三里，面積為一百萬又一萬五百」，黑龍江「東西距約二千二百七十里，南北距約一千五百六十三里，面積為方里者一百七十八萬七千二百」。合計東北三省的面積三百二十六萬二千七百方里，佔中國全面積十二分之一。

（二）**人口**：東北三省的人口，大致為三千萬，約占全國人口百分之八。

（三）**農業**：滿洲的主要生產是農產物，氣候溫暖，土地肥沃，加之近年來交通機關發達的結果，關內各省的失業農民，紛紛移入，耕地也繼續開發，實在是中國的黃金區域，人民的避難所。東三省可耕土地的面積，據一九三〇年的調查，約有六萬萬九千萬畝，已耕面積二萬萬七千四百萬畝，按三省的總人口據一九三〇年的調查約二千九百五十七萬人，所以土地的分配，每人平均比較內地各省多六倍以上，農民的生產力，當然也較內地多六倍以上，生產豐稔，農村向為全國各省冠，東三省的主要農產是大豆、高粱、玉蜀黍及小麥五種，就中尤以大豆的產量最多，年產額達五百萬噸以上，占全世界產量的十分之六。所以東三省有大豆國的稱號。近年來三省的大豆已成世界的商品，每年輸出額佔我們輸出額的百分之三十。

一九三〇年東三省各地大豆產額如下：

產　　地	生產量
南部各地方總計	二、一五六、一七〇噸
北部各地方總計	三、一三二、六五〇噸
合　　計	五、二八八、八二〇噸

高粱是東三省農民主要的食料，也有大量的生產，據一九三〇年的統計，而南北地方的總產量為四、七七九、六九〇噸。此外粟、玉蜀黍、小麥等的產量如下：

粟	
南部各地方	一、六七二、九八〇噸
北部地方	一、六〇三、五〇〇噸
合　　計	三、二七六、四八〇噸

玉蜀黍	
南部各地方	二、一五六、七四〇噸
北部各地方	四二八、九四〇噸
合　　計	二、五八五、六八〇噸

小麥	
南部各地方	一七二、四九〇噸
北部地方	一、一八四、一七〇噸
合　計	一、三五六、六六〇噸

據民國十九年日本關東廳之滿洲產業統計的調查，全東三省農產物綜計約一千九百萬噸，約合三萬萬八千萬石，約占我國農產量百分之二十以上。這樣雄厚的地區，年輕日人處心積慮，垂涎覬覦。對外貿易的繁盛，更能看出東三省在我國經濟上的價值。近年來東三省農產物的輸出額竟達二萬萬八千萬海關兩，據南開大學經濟統計季刊所載，我國二十年度，內部出口總值共六萬萬六百萬海關兩，由此計算，可知東三省農產物的輸出值占我全國內部輸出總值的百分之四十八以上，可見三省的農產，對於我國產業上、經濟上的主要性。

（四）礦業：東三省的礦業，有大量的蘊藏，和豐富的產額，尤以工業上基本生產力的煤、鐵為最多。東三省的鐵礦，集中在遼寧省，特別是鞍山，弓張嶺一帶。以下是鐵礦蓄藏量的調查數字。

省　分	總儲藏量
遼寧省	六九六、八三〇（千噸）
吉林省	一、〇〇〇（千噸）
合　計	六九七、八三〇（千噸）

已經開發之產量據「滿蒙礦產地一覽」之所載如下：

	鞍山鐵山產量	廟兒溝鐵山產量
一九二八	六〇四、二八六噸	一〇六、〇〇〇噸
一九二九	八三七、〇二五噸	一四八、六四六噸
一九三〇	七四八、四二一噸	一四一、〇〇〇噸

此外尚有許多鐵礦統計，每年之採出額可達一百萬噸以上，煤在東三省的蓄藏量、出產量都占第一位。礦區遍於全土，尤以遼寧的撫順，本溪湖、黑龍江的扎賚諾爾為最著，以下是煤的儲藏量。

省　分	總蓄藏量
遼寧省	一、一七四、〇〇六（千噸）
吉林省	三八、八五〇（千噸）
黑龍江省	二四三、三八七（千噸）
合　計	一、四五六、二四三（千噸）

已經開發的產量，據日本滿鐵地質調查的調查情形如左：

年　度	產　量
一九二八	九、四七七、四四三瓩
一九二九	九、九二四、九四七瓩
一九三〇	一〇、〇四〇、六五二瓩

每年的移出量——輸入中國內地者在內——據一九三〇年的調查：該年輸出量達四三九萬噸。其中輸入我國內地一六四萬噸，純輸出量約二七五萬噸。價值約二千萬元以上，約占全國土貨出口總額的百分之二以上。

（五）林業：現在東三省的蒼鬱森林，就是古代我國北方一帶森林區的殘遺。茂密參天，稱類數百，當此世界文明飛躍進展，木材的需要，日趨擴張的現在，森林產區是各國必爭的焦點，據云現在世界木材需要的增加率年增百分之五，中歐各國和日本，以及土地廣大，森林寥寥的我國內地，卻感迫切的需要，此次日本強佔三省後，決完成吉會鐵路的動機，不外企圖運輸木材的便利。據日方滿洲統計書所載，全三省的森林面積合計三六、一六八、〇〇〇町（一町合我國十八畝），樹木的蓄積數約一五、一三五、四三一、〇〇〇料，又據滿鐵滿洲產業統計書所載每年木材的生產量：

年　度	產　量
一九二七	三、八八六、〇〇〇料
一九二八	五、一一九、〇〇〇料
一九二九	三、八四七、〇〇〇料

（六）**鐵路**：東三省的鐵路占全國鐵道總長的百分之五十，鐵路網的密度，內地各省沒有出其右者。今就日本滿鐵調查關於三省鐵路統計的數字，列表如下：

鐵道名	長度（公里）	每年純利
中東鐵路	一、七一八	二一、二九二、三一六（盧布）
北寧鐵路	一、三四四	一七、〇二三、六八六元
吉長鐵路	一二八	一、一八七、七四四元
吉敦鐵路	二二一	八八、八八四元
四兆鐵路	四二六	二、四〇五、三〇五元
洮昂鐵路	二二五	七五、七六九元
金福鐵路	一〇二	
奉海鐵路	三一九	一、五五七、六一四元
吉海鐵路	一八三	
呼海鐵路	二二一	一、二七八、三一五元
齊克鐵路	三四一	
洮索鐵路	一八〇	
穆稜鐵路	六三	
鶴立鐵路	五六	
通裕鐵路	二九	

鐵道名	長度（公里）	每年純利
齊昂鐵路	二九	
溪堿鐵路	二六	
天豐鐵路	一一二	
開豐鐵路	六四	
合計	六、五七〇公里	五千萬元以上

（七）貿易：東三省的對外貿易，以一八五八年中英條約規定的牛莊開放為嚆矢，自日俄戰後，安東、大連、大東溝、滿洲里、綏芬河、愛渾、三姓、哈爾濱、渾春、龍井村等處，亦相繼開放，貿易逐年增加，其發達的洶湧，可用日本滿鐵調查課所編中國北部貿易年報記載的數字來說明：

年次	輸出額	輸入額	出超額
一九二七	四〇八、〇三六、一七九	二六八、九一二、五八六	一三九、一二二、五九三
一九二八	四三四、〇三五、四二四	三〇二、九五五、九〇四	一三一、〇七九、五二〇
一九二九	四二五、六六一、四九一	三二九、六〇三、八六九	九六、〇四七、六二二
一九三〇	三九六、七一四、〇五六	三〇六、九九九、四三七	八九、七一四、六一九

註：各種單位皆為海關兩。

檢閱上表，出超數字，在一九二七年竟達一萬萬海關兩以上，惜近年來受世界經濟恐慌侵襲和政治上的影響，以故出入口額，都相對的減少，然終不失為出超，依然保存有利的形勢。如果與歷來入超的中國內部對外貿易相較時，越發現東三省的利源是我國的生命線，左右全國經濟的關鍵。試看民國海關統計例年報告的全國內部的出入口貿易與東三省出入口貿易的比較表：

年度	東三省（出超）	中國內部（入超）
一九二七	一〇九、八二七、七七七	二〇四、一三九、七三九
一九二八	一〇五、九一一、三一一	二〇四、六一四、二八三
一九二九	九八、五一一、三四三	三四八、六四二、八四六
一九三〇	八一、八八八、〇六〇	四九六、八〇〇、二〇八

綜觀上表，不爭氣的中國內部，好像敗家子，每年都有大量的消耗，東三省好比勤儉的生產者，每年有若干的積蓄，譬之家庭，東三省的被佔，亦有不容不拚命奪回的必要。

（八）九一八事變中的損失：九一八事件的發生，霹歷一聲，敵軍壓境，我方事前既無相當準備，臨事又未稍事抵抗，結果東三省整個的財富，盡數為敵軍所有，焚毀戮掠任他們率性宰割，公私財產的損失當然非常驚人，據中央統計處主任吳大鈞，彙集整理東北官報，編製初步統計，東北官方財產損失如下：（一）民政機關損失三千六百八十五萬元。（二）軍政機關損失四萬萬六千九百萬元。（三）官辦鐵路損失六萬萬三千七十四萬元。（四）官辦航業損失二千萬元。（五）官辦電臺損失二百六十萬元。（六）官辦銀行損失五萬萬八千八百九十八萬元。（七）官辦礦業損失九百六十五萬元。（八）官辦林場損失十六萬元。（九）東北大學及附屬機關財產等損失一千一百八十八萬元。（十）國稅收入損失一千五百八十萬元。總計官方損失達一百七十八萬萬元強，因黑、吉兩省報告不全，故損失尚不止此云云。又據中國電訊社，南京總社出版的「東北事件」所載：此次日軍陷落瀋陽後，東北軍唯一命脈的瀋陽兵工廠，損失步槍十五萬枝，手槍六萬枝，重砲、野戰砲共約二百五十尊，各種子彈計三百餘萬發，砲彈十萬發，彈藥五萬磅，計以上的軍需品，足供十五師軍隊的使用，盡被日軍掠去。瀋陽迫擊砲廠，損失砲彈四十萬發，火藥四十餘萬磅，迫擊砲六百餘尊。東三省航空處積存的三百餘架飛機，盡將青天白日的旗徽，用鉛油改成紅色太陽的標誌。東三省唯一的金庫官銀號，聞存現金七千萬，均被日軍用載重車搬運一空。東北、馮庸、吉林三大學，全體散逃。此外帥府多年積蓄的古玩、珠寶、玉石亦不翼而飛。總之公私方面的損失，雖缺乏確實的統計，草率估量，當不下二百萬萬。

（九）滬變及津變的損失：一月二十八日大批日艦抵滬，佔我淞滬路天通庵車站，砲轟我閘北、真茹等處，雖經我十九路軍勇敢殺敵，相持月餘，然而孤軍無援的軍隊，窳敗陳舊的武器，終難抵禦後援源源而來的日軍。三月二日退卻，五月五日由政府簽訂了停戰的協定。結果，民族的憤慨未得盡量發洩，日軍的氣焰更加熾烈。文明萃會的上海，竟做了一月以上的戰場，崇樓峻閣變成一片瓦礫，人民物質上的損失，非常驚人。茲據中央統計處的調查（三月二日十五日大公報載），上海事變中國損失大體如下：

（1）上海市損失可以數字統計者達十五萬萬元。

（2）全市被侵佔之面積，約四百方里，受直接損失的戶數達十八萬戶，人民八十一萬，佔全市人口的百分之四十五。

（3）財產：被侵佔區內住戶財產價值八十萬萬，此次損失十分之七，房屋價值二萬萬四千萬元，此次損失十分之八點五，全市財產受直接間接損失之價值達七萬萬元，房屋二萬萬元。

（4）工業：被侵佔區內計有工廠五七家，佔全市工廠四分之一，其中受損失者過半數，計六千萬元，全市工廠受直接間接損失之價值達九千萬元，此數僅就已有報告者計算，全數必不止此，全市工人因失業而達十分之八，僅紗棉廠工人失業即達二十五萬人。

（5）商業：被侵佔區域內，有商店一萬二千餘家，受損失者達十分之七，全市商店受直接間接損失的價值達五萬萬九千萬元。

（6）交通：被佔區域內鐵路損失之價值，達一千六百萬，計佔全路資產十分之四，其他道路損失達一百三十萬元，橋樑損失達二十萬元，全市輪船堆棧與轉運公司之營業損失達一千萬元。

（7）公用事業被佔區域內，公用事業的損失達一百七十萬元。

（8）金融：全市銀行與錢莊營業，因事變減少十分之八點五。

（9）學校：被侵佔區域內，停頓之學校，計大學及專門十處，中學三十一處，小學一百九十二處，失學者三萬九千人，佔全市學生四分之一，計大學及專門六千餘人，小學二萬七千人，輟業之教員三千人，佔全市教員三分之一，被焚炸或駐軍之學校計大專及專門十，中學十七，小學四十九，被炸焚之資產達一百六十萬元，佔全市學校資產三分之一，滬市教育機關團體幾全部停頓，其損失尚未計入。日本處心積慮，殺戮我國青年，斷送青年前途，可謂殘酷萬分，還有我國唯一出版書店的商務印書館，和保存古典的東方圖書館，也成了敵軍砲火下的犧牲品，日本的摧殘文化，可謂極矣！此外尚有若干損失的項目，綜計全市損失逾十五萬萬元，人民損害十八萬戶強，死傷失蹤者一萬八千人。在滬變以前，去年十一月八日，日本在天津市嗾使失意軍人，烏合便衣隊千餘人，兩次攻襲津市行政官署，砲聲槍聲繼續一週，治安失秩，人心慌恐，幸經我方準備有素，加緊防禦，日方野心終未得逞，然而津市公私的損失，已超過六百萬元。

（10）國防上的損失：我們再就國防上闡明東三省的重要，東三省更是華北各省的屏藩、平津內地的唯一門戶，此次日軍佔據三省進攻熱河，看著將內地各省的門戶完全為日軍佔領，華北各省隨時有敵軍壓境的可能，攫取平津易如反掌，我國的軍隊，無論如何眾多，品器如何優良，因為地理上的形勢絕對沒有防守的可能，更談不到長期抵抗，所以失守東三省，簡直是豺狼入室，強盜升堂。再者日本佔東三省後，急急修築吉敦、吉會鐵路，完成朝鮮北部鐵路網的大計劃，期望以後在對俄、對美戰爭中佔有利的立場，所以美國異常震驚，蘇俄積極備戰，一旦開火，我國人民供其刀俎，我們土地任其馳驅，華北各省當然不保。再者上海停戰協定，日本又輕輕的將我們長江的門戶封鎖了！一年以來，我們國防上的損失，言之真是痛心。

（11）結論：東三省果然為日本所強佔，或日本嗾使國賊漢奸成立偽國，形成變相吞併的組織，對於我全國經濟的影響，在農業上喪失全國農產量的五分之一，出口貿易額減少百分之四十八；礦業上損失年產百萬噸的礦源；林業上減少年產約三千萬元的財富；每年鐵路減少五千萬元，再加上九一八事變中遼、吉兩省公私損失的二百萬元，滬變、津變中已經喪失的十數萬萬元，國防上喪失了華北各省的屏藩，真是有史以來的空前鉅創絕大的危機！國家經濟的盛衰，要以每年出入口貨，是出超，抑是入超為準據，不幸我國每年入超數字逐年增加，一九三〇入超竟達三萬萬海關兩以上，每年賴以輸出國外，取得利益，彌補損失的，唯有全國農產物的出口，不意在國困民貧的時候，日本竟強佔我國輸出額百分四十以上的東三省，此後我國國際貿易的入超數字，更要不堪設想，全國經濟勢必破產，人民何以生存？我國脉何以維繫？所以日本奪我東三省，不啻摧殘我國整個的經濟，斷送我四萬萬同胞的生活權。是可忍孰不可忍？他還忍聲呼喊東三省是他的生命線，豈非顛倒是非，先發制人的欺狹手段？

我國產業落後，是不可諱言的事實，振興工業，改進生產，是全國民眾迫切的需要，煤與鐵的需要是絕對不可缺的生產條件，而今以煤鐵產量最富的東三省，現已非我所有。此後，帝國主義的日本，必然在它崩潰的前夕，加狠剝削，竭力壓迫，馴致我國的工業不得順利發展，全國經濟基礎不能迅速築成，使積弱積貧的我國更陷於不可挽救的深淵，四萬萬的民眾更受進一步的剝削，日當局存心的毒辣，雖天荒地老，此恨難消！不止此也，日本佔我三省後勢必依其多年處心積慮的計劃開發財源，築路修港，以期苟延其帝國主義社會的最後一息，如果假以時日必定實現。日本內部沒有革命的爆發，蘇俄不給他一個重大的打擊，則在多年經營之後，實力愈厚，勢必猙獰起他的鬼臉，以我國內地是他的「生命線」為口實，到處重演九一八事變的惡劇。所以日本強佔東三省，實是威脅侵蝕我國內部的初步！然而我們確信日本亡不了我中華民族，一方面因為四萬萬人的古國絕不容任何民族的同化，他方面資本主義的國家，根本就沒有永遠強盛的可能性，然而在他崩潰的前夕，那種最後狂號的淫威，也能給我國以致命的創傷，若不從速抵抗，終將同歸於盡。我們全國民眾為避免同歸於盡，兩敗俱傷起見，須要自己團結起來，武裝起來，與侵略者作殊死的鬥爭，收回我們的權利，救出我們的同胞。我們相信唯有用全國民眾自己的力量，奪回我們「財源寶庫」的東三省，以補救我們這破碎的祖國。（錄自民國二十一年國聞周報第九卷第三十七期）

第四章

特種外交委員會會議紀錄

中央政治會議特種外交委員會第一次會議紀錄

日　　期：二十年九月三十日　下午四時至八時
地　　點：政治會議秘書處
出席委員：戴傳賢　于右任　邵元冲　賀耀組　宋子文
　　　　　丁惟汾　李煜瀛　吳敬恆　邵力子　朱培德
　　　　　陳布雷
主　　席：戴傳賢
列　　席：李錦綸　徐　謨　謝冠生

報告事項

（一）外交部徐司長報告東省事變發生後外部向各方交涉經過
（二）李委員報告事變發生後在北方所得各種消息
（三）邵委員力子報告張副司令艷電大意
（四）宋委員報告美國對於本案之關係及其態度
（五）戴委員報告日本國內各方面對中國問題之態度
（六）賀委員報告日本在東省最近措施情形

討論事項

戴：對日問題事實上之注意點
　　一、對日本真實目的所在之考察
　　二、對日本將來行動之考察
　　三、對各國言論行動之考察——尤其是俄國
　　四、關於外交問題國民政府之決心

決心之來源

（一）對外的事實考慮之結果

（二）對內的事實考慮之結果

（三）本黨由主義上不顧一切之決心

對日問題辦法上之注意點

一、對各國之態度及辦法——尤其是俄國

二、駐各國外交人員之注意

三、負責指導駐外使領工作且負世界的宣傳責任人員之派遣

四、國民的外交行動之合作

李：此次事變發生後，每日與張漢卿、張溥泉諸同志會商辦法，大略情形已有電告，尚有未經正式報告，是資討論者：（一）日方要求溥儀回滿，經溥拒絕，嗣復在大連遊說恭王，並拉張宗昌出來，駐津日領且已與張學銘面談，希望張宗昌擔任山海關至皇姑屯一段地面。（二）日本經濟外交各界似乎仍要維持張漢卿勢力。（三）張氏本人表示完全聽中央主持，惟希望不要失去迅速與日方解決之機會。（四）蔣主席本有電邀張親來南京，以身體關係，又因東北退出隊伍種種問題未能應命，因派萬福麟、鮑文樾及本人先來，陳述當時蔣主席表示中央負全責處理，必有辦法，並有復函致張，由萬、鮑帶回聲敘此意。（五）前日吳鐵城同志來電述及局部解決問題，似乎謂張作相已與日人有所接洽，當時蔣主席表示如能阻止局部接洽最好，但此實無關重要，至簽訂書

件等等必無其事，且亦不會生效。（六）關於蘇俄方面，張學銘曾上條陳主張與俄復交，又東北青年亦頗有因此而傾向聯俄者，即經濟實業界中人亦所不免，惟因日本之壓迫而遽然變更，既宣外交方針實有從長討論之必要。（七）其他歐美方面，國聯總算出了些力，關於此點，德國所持外交方針大可供吾人採擇，即運用此次自然之空氣為策略（指與俄復交），而仍以聯絡歐美為目的，以謀中國經濟建設上之進步——無與蘇俄復交進行不宜太快，原則上可以談判而時間必須延長。

戴：李委員所談有二要點，（一）對俄復交事可進行，但不必立刻實行，以保留與歐美交涉之作用，並為有條件之交涉。（二）積極作與歐美聯絡之工作，以在經濟上聯合，謀中國經濟上之進步為目的，並以對俄復交之空氣促其與我接近（傳觀莫代表德惠二十三日莫斯科來電），至對俄復交之條件，本人研究所及有應注意者，（一）對蒙古問題。（二）對中東路問題。（三）對共產黨問題——此問題又可分兩點：（1）過去外交機關包庇共黨之事實，今後不可再有，並須有切實之保證。（2）對共黨不可有各種物質及精神上之援助，第三國際之行動蘇俄政府須負其責。

吳：對俄太接近是否失英美之同情亦要考慮。

朱：共黨問題，只看本國政府之力量，至英美之同情已可看見，實在值不得顧慮。

吳：在此吾國多事之秋，且作虛與委蛇之復交談判，等到政府更有力量，再與認真復交——此事最好設法徵求張副司令意思。

宋：總之不要使俄國失望。

邵力子：對俄復交並非聯俄，更非容共。

戴：在方法上，不可更引起日本之恐怖及失英美之同情——本人現擬一電稿代蔣主席復張副司令內述，關於對俄復交事關係重大，請其來京與諸同志共同計議，否則當由李石曾先生赴平面商。

中央政治會議特種外交委員會第二次會議紀錄

日　　期：二十年十月一日　上午七時至九時

地　　點：外交部

出席委員：戴傳賢　宋子文　李煜瀛　丁惟汾　于右任
賀耀組　邵元冲　吳敬恆　朱培德　陳布雷
邵力子

主　　席：戴傳賢

列　　席：李錦綸　徐　謨　謝冠生

報告事項

宋委員報告上海朱慶瀾王曉籟史量才等來電大意
（並傳觀各方來電）

討論事項

（一）上海朱慶瀾等電請電令日內瓦施部長表示全國民意反對直接交涉案

議決：可由朱、王等直接電告施部長，一面另用外部李次長名義，電施告以「在日本未撤兵以前，中國不能與日本作任何交涉，即在日本完全撤兵後，中國對於日本之侵略與壓迫，亦惟有信任國聯，始終主持公道，以維持世界之和平。」

（二）行政院訓令外交部抗議日兵破壞北寧鐵路案

議決：由外部將詳情電知施部長轉告國聯，不必再向日抗議。

（三）加緊對內對外宣傳工作案

議決：應選擇每日經過事實儘量宣傳。

中央政治會議特種外交委員會第三次會議紀錄

日　　期：二十年十月二日　上午七時至十時

地　　點：國民政府

出席委員：戴傳賢　于右任　吳敬恆　邵元冲　朱培德
　　　　　邵力子　李煜瀛　丁惟汾　賀耀組　陳布雷

主　　席：戴傳賢

列　　席：吳鐵城　李錦綸　樊　光　徐　謨　謝冠生

報告事項

（一）吳委員鐵城報告張副司令對東省事件態度（吳委員於九月廿九日下午離平）

（二）徐司長謨報告國聯行政院九月三十日對東省事件決議（並傳觀各方函件）

討論事項

（一）主席交議為日本撤兵問題我方對內對外應有所表示案

議決：（一）對內請總司令電令張副司令，派定東三省統率各地軍隊之長官接收日兵撤退後之各地，並切實負責恢復日兵所破壞之各地治安，以免日方藉口延宕。（二）對外由外交部聲明，日軍未正式受還其所佔領各地方城市以前，當地如有不合法之組織，日政府應負其責，中國概不能承認。

（二）上海日文報紙載主席派齊世英赴日會見幣原外相案

議決：由中央宣傳部發表消息絕對否認。

（三）李委員煜瀛提議，本案經連日開會討論，已決定不用直接交涉方式，且國聯亦經有限期撤兵勸告，惟此事遲早必須由兩方自己解決，不能希望國聯一手包辦，故仍不能不有所準備。查日本國內軍事、經濟、外交各界人物，對東三省利益雖同抱侵略目的，而所取途徑則頗不一致，我國似不妨利用此點，即研究可否根據總理國際經濟合作計畫，與日本商量在遼南一帶與以經濟上之合作機會，表示經濟上之讓步，如此在軍事、政治及其他主權方面，或可減少損失程度。蓋經濟上之損害，有數字可以計算，而事實上經濟合作結果，終歸於兩利決不致片面絕對便宜或喫虧，至其他主權之損害，其所失實無可估量，且更難於補救，最好先有非正式表示，使日方明瞭蠻橫方法所得利益不如和平方法之多，以分化日本國內各派之意見，誠能運用得當於交涉，前途必多裨補。

議決：原則通過再研究採取如何方式。

中央政治會議特種外交委員會第四次會議紀錄

日　　期：二十年十月三日　上午十一時至下午三時

地　　點：外交部

出席委員：戴傳賢　賀耀組　邵元冲　李煜瀛　于右任
丁惟汾　朱培德　邵力子　陳布雷

主　　席：戴傳賢

列　　席：吳鐵城　顏惠慶　李錦綸　樊　光　徐　謨
謝冠生

報告事項

顏公使惠慶報告平津外交界對東省事件所持態度（傳觀各方函電）

討論事項

（一）宋委員子文來函提議分電駐軍英美法德義西波蘭那威巨哥等國公使請其派員調查東省事件真相並視察日本撤兵情形報告國聯秘書長以供參考案

議決：用外交部李代部長名義照會各國公使。

（二）李委員煜瀛提議昨日總司令致張副司令電令內容應由外交部電告施公使通告國聯案

議決：照辦。

（三）李委員煜瀛吳委員鐵城提議王委員亮疇現在海牙應請其即向國際法庭告假，往英美等國以私人名義與當局說明東省事件與各國關係之重要，對美國尤須多做工夫案。

議決：由主席及戴、于、李、吳諸委員分別電請王委員辦理。

（四）顏公使惠慶提議擬請派嚴鶴齡為駐美代辦趕先赴美，以利交涉進行案。

議決：由顏公使電催嚴君就道。

（五）議決：日兵飛機用機關槍掃射北寧路列車照片，除存一份在外交部外，應寄一份致日內瓦施代表。

中央政治會議特種外交委員會第五次會議紀錄

日　　期：二十年十月五日　上午十一時至下午二時

地　　點：外交部

出席委員：戴傳賢　于右任　邵力子　丁惟汾　宋子文　邵元冲　陳布雷　孔祥熙

主　　席：戴傳賢

列　　席：吳鐵城　顏惠慶　陳　儀　李錦綸　樊　光　徐　謨　謝冠生

報告事項

（一）戴委員長報告連接張副司令上主席江未江亥兩電後由外交部分致東京蔣公使及日內瓦施代表電經過情形（並傳觀各方函電）

（二）軍政部陳次長儀報告英人韜朋事件辦理經過情形

討論事項

（一）日方謠傳我國軍隊有屠殺東省韓人情事應如何對外聲明案

議決：由外部聲明，因日本暴力佔領東省重要城市，破壞各地交通之結果，致中國無法行使各該關係地域內軍事及行政上之指揮監督，在上述情形未回復前，所有發生事故應由日方負責。

（二）浙江省政府請停發日僑護照案

議決：應即停發（交外交部辦理）。

（三）駐日蔣公使四日電告傳聞日方有掃除東北武力及海軍出動等計畫案

議決：由外交部電詢蔣公使消息來源。

（四）英人韜朋失蹤事件應如何迅予解決案

議決：應承認事實，由外交部妥擬答復節略（應特別注意有關法律諸點）。

中央政治會議特種外交委員會第六次會議紀錄

日　　期：二十年十月六日　上午七時至十二時半
地　　點：國民政府
出席委員：戴傳賢　于右任　邵元冲　丁惟汾　邵力子
　　　　　賀耀組　孔祥熙
主　　席：戴傳賢
列　　席：吳鐵城　陳　儀　李錦綸　樊　光　徐　謨
　　　　　謝冠生

傳觀各方函電

討論事項

（一）宋委員擬復日內瓦施代表電稿請公決案

議決：通過（仍用宋委員名義去復），並將施代表來電及宋委員復電內容電告東京蔣公使。

（二）主席交下張副司令微酉歌戌來電應如何去復案

議決：總括最近數日來對日事件辦理經過及各種關係情況加以說明，用主席名義電告張副司令。

（三）上海張市長歌電報告日本海軍有於日內在上海華界登陸示威消息請示應付方針案

議決：（一）請主席電令張市長，一面竭力維持地方秩序，一面規定防禦線並隨時與宋委員商應付辦法。（二）由本會電請宋委員臨機緊急應付（參看下文第四項）。

（四）主席交議應付日軍示威運動方針案

議決：（一）在此種嚴重形勢之下，惟有嚴令各地方軍警當局盡力維持秩序，不使住在內地日本人民生命財產有被侵害之危險，以免為日本海軍陸戰隊在內地登陸及砲擊沿海口岸要地之藉口。（二）日本海軍出動情形如係為恫嚇中國政府及示威之企圖，無論提出任何條件，我政府決不為其屈服。在此原則之下，一切應付辦法請主席隨時處辦。（三）根據國聯行政院九月廿八日決議案第五項，由外交部將近日日本海軍行動消息報告國聯，喚起國際間之注意。

（五）賀委員提議組織委員會草擬對日事件應付方案

議決：由外交部擬交涉方案，另由朱培德、賀耀組、陳紹寬三委員擬特種方案兩案，擬定後呈請主席決定。

（六）議決：由外交部速擬東京使館，所應取方針及工作範圍方案電達蔣公使。

中央政治會議特種外交委員會第七次會議紀錄

日　　期：二十年十月七日　上午七時至十時
地　　點：中央黨部
出席委員：于右任　丁惟汾　邵力子　邵元冲　朱培德　賀耀組　孔祥熙
主　　席：于右任
列　　席：吳鐵城　顏惠慶　羅文榦　劉　哲　李錦綸　樊　光　狄　膺　徐　謨　謝冠生

報告事項

羅先生文幹劉先生哲先後報告張副司令對本案交涉意見傳觀各方函電

討論事項

（一）劉先生哲傳述張副司令意見希望中央能與日方迅定撤兵接受具體手續案

議決：由外交部電令東京蔣公使，並查照四日去電，再與外務省接洽，催其答覆我方派定張王二氏接收之照會，請其迅令駐東省軍事長官，與我方所派人員接洽，或逕由該使與外務省接洽日軍撤退，我軍接收，應有之辦法。

（二）劉先生哲傳述張副司令意見希望中央下令禁止一切假借名義與外人私訂條款情事案

議決：由政府明令張副司令負收復東三省全部責任，

其有在東北地方，假借名義，一切行動，政府概不承認。

（三）朱委員培德提議連日日本海軍種種動作無非藉口我國民眾抗日運動似應設法令抗日會發出宣言說此種運動完全激於日本侵略行為而來在侵略狀態未終止前抗日運動無從緩和案

議決：由丁委員惟汾辦理。

（四）海牙王院長電告已就近密商凱洛請具極力維持非戰公約並將於國聯行政院開會前赴日內瓦秘密運動案

議決：由吳委員鐵城轉告張副司令，並將中央所定對日方針，由外交部電告王院長。

（五）外交部擬致蔣公使電稿指示工作範圍案

議決：修正通過。

中央政治會議特種外交委員會第八次會議紀錄

日　　期：二十年十月八日　上午七時至十二時

地　　點：中央黨部

出席委員：戴傳賢　邵元冲　丁惟汾　朱培德　陳紹寬　劉　哲　羅文幹　顏惠慶　于右任　邵力子　孔祥熙　吳鐵城　陳布雷

主　　席：戴傳賢

列　　席：張　羣　李錦綸　樊　光　狄　膺　徐　謨　謝冠生

報告事項

（一）戴委員長報告連日與美德法三國參贊談話情形（皆經由各該參贊將談話內容電告本國政府）

（二）丁委員報告昨日議決由各地抗日會發表宣言說明態度一節已經召集黨部負責人員談分頭去辦

（三）陳委員紹寬報告分泊長江各埠日本軍艦最近情況（共計有十八艘分泊重慶宜昌長沙漢口九江南京上海昨又有四驅逐艦開到二艘留上海其餘二艘一開鎮江一開大冶）

（四）張市長羣報告上海地方情形及與日使重光談話要旨

（五）顏委員惠慶報告以駐美公使資格對美聯社發表談話內容

傳觀各方函電

討論事項

（一）外交部擬致海牙王院長電稿陳述政府所定對日方針案

議決：照發。

（二）張市長提議中日間交涉應在南京東京同時進行案

議決：重大事件應令東京蔣公使與外務省接洽，一面仍通知重光，普通事件可與重光來往，並由張市長隨近就近與重光聯絡。

（三）孔委員提議駐滬西班牙領事奉命赴東省調查應請張副司令派人為有效之聯絡案

議決：由吳委員鐵城辦理

中央政治會議特種外交委員會第九次會議紀錄

日　　期：二十年十月九日　上午七時至下午一時

地　　點：國民政府

出席委員：戴傳賢　邵元冲　陳紹寬　丁惟汾　劉　哲
　　　　　于右任　邵力子　賀耀組　朱培德　孔祥熙
　　　　　顏惠慶　陳布雷

主　　席：戴傳賢

列　　席：李錦綸　陳　儀　樊　光　狄　膺　徐　謨
　　　　　謝冠生

報告事項

（一）戴委員報告昨日與英國參贊談話情形

（二）陳委員紹寬報告日艦在長江行動最近情形

傳觀各方函電

討論事項

（一）宋委員函李代部長提議緊急辦法五項（催日本指定撤兵時日及步驟並請各國派員視察撤兵情形）並附擬令施蔣二使及容代辦分向國聯東京華盛頓提出照會稿

議決：由外交部照辦。

（二）顏委員惠慶提議日兵駐紮上海公共租界內依為根據隨時可向閘北南市出動情勢嚴重應請張市長特加注意並與英美各國領事接洽設法防範案

議決：照上述意思電張市長。

（三）外交部軍政部會擬致英使節略答復韜朋失踪事件調查情形及軍法會審結果案

議決：修正後再討論。

中央政治會議特種外交委員會第十次會議紀錄

日　　期：二十年十月十一日　上午十一時至下午四時

地　　點：外交部

出席委員：戴傳賢　邵元冲　邵力子　陳布雷　于右任
　　　　　宋子文　陳紹寬　丁惟汾　顏惠慶　劉　哲
　　　　　朱培德　孔祥熙　賀耀組

主　　席：戴傳賢

列　　席：李錦綸　樊　光　徐　謨　謝冠生

報告事項

（一）戴委員長報告中央通訊社與路透等外國通訊社接洽補助海外宣傳情形

（二）陳委員紹寬報告沿江沿海日艦最近行動情形

傳觀各方函電

討論事項

（一）答覆日本抗議案

議決：推顏惠慶、陳布雷二委員，李代部長、徐司長會同起草

（二）應由施代表向國聯聲明之點

議決：（一）已兩次明令保護外僑，事實上並無意外事件發生。（二）已派定負責接收日兵撤退地方人員，並已通知日政府。（三）日本不但無撤兵表示，且繼續擴大各地之軍事行動，並威迫當地人士組織非法機關，破壞中國行政權，又在長江一帶增艦示威。（四）應請國聯另定有效辦法。

（三）張副司令蒸電報告日兵轟炸錦縣案

議決：（一）應詳細電告施代表注意。（1）錦縣為臨時省政府所在地。（2）其地無砲臺原非軍事中心。（3）離南滿路有五百餘里。（4）日飛機中預先儲有炸彈。（5）傳單原文。（6）本莊宣言。（7）蔣公使所告日本報載消息原文。

（二）應預備中英文通電稿假定日兵再犯錦縣我方萬不得已而取自衛方法

（四）蔣公使電告日本對撤兵問題覆照大意案

議決：應索寄全文並轉知施代表容代辦。

中央政治會議特種外交委員會第十一次會議紀錄

日　　期：二十年十月十二日　上午十一時至下午四時

地　　點：外交部

出席委員：戴傳賢　邵元冲　于右任　陳紹寬　丁惟汾
　　　　　顏惠慶　朱培德　羅文榦　吳鐵城　宋子文
　　　　　劉　哲　邵力子　陳布雷　孔祥熙

主　　席：戴傳賢

列　　席：顧維鈞　李錦綸　樊　光　徐　謨　謝冠生

報告事項

顧先生維鈞報告日兵繼續在東北各地肆行武力威嚇情形

傳觀各方函電

討論事項

（一）擬復日本抗議節略案

議決：修正通過。

（二）蔣公使十一日連來兩電述日方覆照原文及與外務省谷局長談話內容案

議決：應速電告施代表，並復蔣使會見幣原時勿提新意見，避免直接交涉嫌疑。

（三）據海軍部報告日本有驅逐艦三艘開赴青島示威，又在通遼地方炸毀打通路案

議決：應速電知施代表。

中央政治會議特種外交委員會第十二次會議紀錄

日　　期：二十年十月十三日　上午七時至十一時

地　　點：國民政府

出席委員：戴傳賢　丁惟汾　顏惠慶　邵元冲　于右任
李煜瀛　陳立夫　吳鐵城　賀耀組　劉　哲
顧維鈞　宋子文　羅文幹　陳紹寬　邵力子
朱培德　孔祥熙　陳布雷

主　　席：戴傳賢

列　　席：李錦綸　樊　光　狄　膺　徐　謨　謝冠生

報告事項

（一）戴委員長報告日本軍閥對華外交所持態度

（二）李委員報告日本此次行動所蓄野心我國亟應團結一致勿為所乘

傳觀各方函電

討論事項

（一）擬電施代表應付辦法草案

議決：修正通過，保留第三項乙款與下文第二案合併討論。

（二）蔣公使十一日兩電報告日外務省照復四節及幣原答詢三點如何應付案

議決：推宋、顏、顧、羅四委員及李代部長草擬方案，注意下列各點：（一）各種中日間所訂條約中日本所極力主張之要點。（二）各種國際條約中關於滿蒙問題之要點。（三）關於日本在滿洲軍隊之現狀。（四）關於日本所稱各種懸案之最要案件及其大體。（五）關於此時中國應主張之要事：（1）對於日本所主張確立平常關係之大綱一點，如照今日所報告，應請國聯注意確立遠東及世界和平之大綱，應如何預備方案。（2）關於今後中日交涉（即解決懸案）是否直接交涉，抑應請國聯及美國為兩國交涉之公證人。（3）關於日本所要求為我所不能承認者有若干事。

中央政治會議特種外交委員會第十三次會議紀錄

日　　期：二十年十月十四日　上午七時至九時半

地　　點：中央黨部

出席委員：戴傳賢　顏惠慶　陳紹寬　顧維鈞　劉　哲
吳鐵城　朱培德　羅文榦　李煜瀛　陳立夫
賀耀組　邵力子　于右任　吳敬恆　邵元冲
陳布雷　丁惟汾　孔祥熙　宋子文

主　　席：戴傳賢

列　　席：李錦綸　樊　光　狄　膺　徐　謨　謝冠生

傳觀各方函電

討論事項

（一）孔委員提議應正式通告華盛頓九國條約簽字國案

議決：俟與本日到京之美使詹森接洽後再定。

（二）李委員提議請本會戴宋二委員長及李代部長常川到外部主持以利事機進行案

議決：通過。

（三）路透電載主席紀念週訓話與實際頗有出入應設法更正案

議決：除發表更正文字外，應令路透訪員特別注意。

中央政治會議特種外交委員會第十四次會議紀錄

日　　期：二十年十月十五日　上午七時至九時

地　　點：中央黨部

出席委員：戴傳賢　丁惟汾　邵元冲　于右任　陳立夫　陳布雷　賀耀組　楊樹莊　朱培德　劉　哲　顧維鈞　宋子文　陳紹寬　吳敬恆　顏惠慶　邵力子　孔祥熙

主　　席：戴傳賢

列　　席：陳　儀　李錦綸　樊　光　狄　膺　徐　謨　謝冠生

傳觀各方函電

討論事項

（一）軍政部修正擬致吳使節略答復韜朋失踪事件調

查情形及軍法會審結果案

議決：推宋、孔、邵力子三委員及陳次長儀、徐司長謨會同審查。

（二）組織特別情報部案

議決：先由陳布雷、程大放二委員及外部樊次長光、刁司長敏謙商議辦法。

（三）張副司令寄來日方在錦縣所散傳單案

議決：應將全文攝影電告施代表。

（四）天津張市長電告日領請撤銷禁止日本報紙傳遞案

議決：先由外交部復張市長說明，日報捏造謠言影響政治經濟安全，暫難照辦。

（五）四洮路同人協進會密函報告日軍行動及勾結蒙古青年團情形案

議決：節要電告施代表。

中央政治會議特種外交委員會第十五次會議紀錄

日　　期：二十年十月十六日　上午七時至十二時

地　　點：中央黨部

出席委員：楊樹莊　賀耀組　羅文幹　劉　哲　熊式輝
陳紹寬　丁惟汾　陳布雷　邵力子　戴傳賢
邵元冲　于右任　朱培德　孔祥熙

主　　席：戴傳賢

列　　席：李錦綸　樊　光　狄　膺　徐　謨　謝冠生

傳觀各方函電

討論事項

（一）擬致駐美容代辦電歡迎美國參加國聯行政院會議案

議決：照發。

（二）應否准日本學生考察團來華案

議決：婉詞拒絕。

（三）日本使館節略抗議新浦反日會沒收青島山東火柴公司火柴要求返還案

議決：查明如確係日本人所有，應即返還以此意復日本使館，並分函中央黨部及江蘇省政府。

（四）蔣公使十四日來電報告最近日本政局情形案

議決：再電詢蔣使：（一）西園寺意見。（二）陸軍派與外交系妥協程度。（三）各政黨行動。（四）日政府對中國所抱最低限度要求。

（五）莫代表電詢可否將此次對外發表各項文件非正式知照蘇聯政府案

議決：照辦。

中央政治會議特種外交委員會第十六次會議紀錄

日　　期：二十年十月十七日　上午十一時至下午三時半

地　　點：中央黨部

出席委員：戴傳賢　顏惠慶　宋子文　顧維鈞　熊式輝
　　　　　吳鐵城　朱培德　劉　哲　羅文榦　孔祥熙
　　　　　賀耀組　于右任　吳敬恆　邵元冲　李煜瀛
　　　　　丁惟汾　程天放　陳布雷　陳立夫　邵力子

主　　席：戴傳賢

列　　席：李錦綸　樊　光　狄　膺　徐　謨　謝冠生

報告事項

（一）戴委員長報告昨晨七時及午後五時主席兩次約會談話情形

（二）顏委員報告與美使晤談情形（關於希望美國根據九國條約召集國際會議一點探美使口吻目前殊無把握）

（三）顧委員報告昨日與顏委員等商定我方擬提對案內容

傳觀各方函電

討論事項

（一）施代表電告白里安秘密提議及日本預備提出五點應如何應付案

議決：我方所取手段除顧全自身利權外並須（1）不失

國際同情。（2）不使日本軍閥走向極端，暫時決定六項原則：（一）日本必須在國聯監視之下撤兵。（二）中日將來交涉必須在國聯照拂之下進行。（三）地點在日內瓦或其他國聯所認為適當之地。（四）以後交涉必須在國際公約所定原則之下進行，不得違反下列三要點：（1）尊重中國獨立主權、領土完全、行政完整。（2）實行門戶開放機會均等。（3）促進遠東和平，不得以武力為實行國策之手段。（五）日本必須負此次出兵之責任。（六）日本所有任何提案，我方保留修正及另行提案之權。

（二）外交部擬復日使館節略稿（為新浦反日會沒收火柴事）

議決：照發。

（三）芳澤向國聯飾詞解釋日機轟炸打虎山溝幫子案

議決：由劉委員哲、徐司長謨會商後電施代表，糾正並電張副司令詢問詳情。

（四）蒙古一部分盟旗請派張海鵬為保安司令處理當地外交內政案

議決：請總司令電令張副司令，轉囑盟旗長官靜候政府辦理。

中央政治會議特種外交委員會第十七次會議紀錄

日　　期：二十年十月二十日　上午七時至十時
地　　點：中央黨部
出席委員：戴傳賢　丁惟汾　孔祥熙　劉　哲　顧維鈞
　　　　　陳紹寬　陳布雷　吳敬恆　程天放
主　　席：戴傳賢
列　　席：李錦綸　樊　光　狄　膺　徐　謨　謝冠生

報告事項

徐司長報告施代表十八日連來三電報告國聯行政院所擬解決方案及外部復電內容

傳觀各方函電

討論事項

（一）擬請中央黨部訓令各級黨部凡屬第三國人民之貨物不得扣留日人貨物其有權尚未移轉者亦不得扣留

議決：應用明令密令分別勸誡民眾及各級黨部，由丁委員、程委員辦理。

（二）如何駁復日本兩次致行政院之通告（陳述東北土匪充斥及各處排日風潮）

議決：交外交部辦理。

（三）如何復英法德那優五國照會（希望遵守非戰公約約言）

議決：交外交部擬復。

中央政治會議特種外交委員會第十八次會議紀錄

日　　期：二十年十月廿一日　上午七時至九時

地　　點：中央黨部

出席委員：戴傳賢　顏惠慶　宋子文　陳紹寬　吳敬恆
　　　　　丁惟汾　顧維鈞　劉　哲　孔祥熙　陳布雷

主席：戴傳賢

列席：李錦綸　樊　光　狄　膺　徐　謨　謝冠生

報告事項

（一）宋委員報告駐東京各國公使勸告（非正式）幣原情形

（二）徐司長報告施代表電告昨晚先後晤見白里安及李定談話情形

討論事項

擬復英法德那優等國政府照會稿

議決：修正通過。

中央政治會議特種外交委員會第十九次會議紀錄

日　　期：二十年十月廿二日　上午七時至十時

地　　點：中央黨部

出席委員　戴傳賢　顏惠慶　顧維鈞　劉　哲　孔祥熙
　　　　　丁惟汾　吳敬恒　楊樹莊　程天放

主　　席：戴傳賢

列　　席：李錦綸　樊　光　狄　膺　徐　謨　謝冠生

報告事項

（一）徐司長報告昨日英藍使往訪外部李代部長希望上海民眾勿在租界有激烈舉動

（二）顧委員報告昨日英藍使過訪談及上海抗日會在租界內任意扣貨捕人並在天后宮長期拘禁種種非法舉動希望中國政府加以注意

傳觀各方函電

討論事項

（一）擬復美國照會稿（遵守非戰公約）

議決：修正通過。

（二）如何設法防止上海等處抗日會越軌行動案

議決：由中央黨部令江蘇葉主席及上海張市長，以中央委員名義指導當地黨部，關於商民營業發生抵制情事，因而有騷擾行為應嚴密防範制止。

中央政治會議特種外交委員會第二十次會議紀錄

日　　期：二十年十月廿三日　上午七時至十時

地　　點：中央黨部

出席委員：戴傳賢　顏惠慶　宋子文　顧維鈞　劉　哲
　　　　　陳立夫　楊樹莊　丁惟汾　孔祥熙　程天放

主　　席：戴傳賢

列　　席：李錦綸　樊　光　狄　膺　徐　謨　謝冠生

傳觀各方函電

討論事項

（一）宋委員提議目前正到外交重要關頭應請粵方到滬諸同志即日來京共策進行案

議決：電致上海于委員託轉約汪精衛、孫哲生、伍梯雲及粵來諸同志，並胡展堂先生即晚來京。

（二）施代表電告國聯行政院最後意見希望能即去訓令准予接受案

議決：電復施代表，倘意見內容如美聯社所傳消息，可以附解釋接受，又關於直接交涉所擬組織之調解委員會，倘因日本反對不能成立，仍希望在中立國翼贊之下進行。

（三）擬復日本照會稿（為重慶日僑全體離去請保護所遺財產）

議決：照發。

中央政治會議特種外交委員會第二十一次會議紀錄

日　　期：二十年十月廿四日　上午十一時至下午二時
地　　點：中央黨部
出席委員：戴傳賢　顏惠慶　顧維鈞　劉　哲　熊式輝
陳紹寬　邵力子　楊樹莊　邵元冲　吳敬恆
程天放　丁惟汾　劉文島　孔祥熙　陳布雷
主　　席：戴傳賢
列　　席：李錦綸　樊　光　狄　膺　徐　謨　謝冠生

報告事項

徐司長報告昨晚國聯行政院會議芳澤所提對案四點內容

傳觀各方函電

討論事項

蔣公使電告東京閣議情形

議決：轉告施代表。

中央政治會議特種外交委員會第二十二次會議紀錄

日　　期：二十年十月廿五日　上午十時至下午一時

地　　點：中央黨部

出席委員：戴傳賢　丁惟汾　程天放　邵元冲　顏惠慶
劉文島　陳布雷　朱培德　陳紹寬　顧維鈞
劉　哲　孔祥熙　熊式輝

主　　席：戴傳賢

列　　席：李錦綸　樊　光　狄　膺　徐　謨　謝冠生

報告事項

徐司長報告昨晚國聯行政院會議情形

傳觀各方函電

討論事項

顏委員提議，此次國聯行政院議決案，除一二三三條規定抽象原則第四條之甲項，關於撤兵為日方應做之事外，其餘第四條之乙項，關於接收日兵撤退地面及保證在該地日僑生命財產之安全，為中國應做之事。第五條關於協商撤兵及接收辦法之細目，第六條關於撤兵完成後之交涉為中日兩方合做之事。似應即請政府令知關係各機關及早準備

議決：推宋、孔、邵元冲、顏、顧、陳布雷及李部長，草擬方案提出下屆會議討論。

中央政治會議特種外交委員會第二十三次會議紀錄

日　　期：二十年十月廿七日　上午七時至十時

地　　點：中央黨部

出席委員：戴傳賢　丁惟汾　邵元冲　顏惠慶　陳紹寬　李煜瀛　宋子文　孔祥熙　朱培德　劉　哲　顧維鈞　朱兆莘　程天放

主　　席：戴傳賢

列　　席：李錦綸　樊　光　狄　膺　徐　謨　謝冠生

討論事項

（一）宋委員提議施代表致白里安函（表示中國對條約義務之意見）應鈔送國聯秘書長請轉達行政院其他會員國並對外發表

議決：交外交部辦理。

（二）宋委員提議謝各關係國援助文件應用主席個人名義送致各該國在國聯行政院出席代表有使館在華者由其使館轉無使館者由施代表轉致

議決：交外交部辦理。

（三）宋委員提議邀請中立國派遣代表事應即發正式請柬

議決：交外交部辦理。

（四）戴委員長提議應電蔣公使轉告日政府關於國聯行政院決議第五節所定事項我方已經準備希望日本政府速派負責人員辦理

議決：交外交部照發。

（五）李委員提議此次國際對華空氣甚好我方亟應趁此熱烈時機照原路努力做去過去中國外交往往因方針不定而喫虧以後應力矯此弊可否由本會組織一固定團體聘請中外專家擬定外交上建設方案以為國際會議之準備並樹立國際合作之基礎

議決：推定戴、宋、孔、李四委員負責，另聘專家二人組織一起草簡單方案，委員會俟方案擬妥經本會審定後，再報告政治會議請求正式決定。

中央政治會議特種外交委員會第二十四次會議紀錄

日　　期：二十年十月廿八日　上午七時至十時

地　　點：中央黨部

出席委員：戴傳賢　顏惠慶　陳紹寬　朱兆莘　邵元冲　吳敬恆　丁惟汾　熊式輝　陳立夫　顧維鈞　劉　哲　孔祥熙　陳布雷　程天放

主　　席：戴傳賢

列　　席：李錦綸　樊　光　狄　膺　徐　謨　謝冠生

討論事項

（一）對日本政府宣言應取如何態度

議決：我方亦可根據國聯議決，發一宣言交外交部草擬初稿。

（二）外交部擬具接收辦法要點

議決：修正通過。

（三）邀請中立國派員文件應發若干份是否凡行政院

會員國皆須邀請

議決：皆須邀請，並加入美國，一面將辦理情形通知國聯秘書長。

（四）本月廿六日國府宣言大意應電知各使領館

議決：交外交部照辦

（五）蔣公使電告前駐華領事黑澤面稱可否先用非正式交涉接洽撤兵辦法及接收手續再行派兵前往

議決：電復黑澤所言是否可代表政府意思，並盼關於各種情報務須盡量詳告。

中央政治會議特種外交委員會第二十五次會議紀錄

日　　期：二十年十月廿九日　上午七時至十時

地　　點：中央黨部

出席委員：蔣中正　戴傳賢　邵元冲　于右任　熊式輝
丁惟汾　朱兆莘　顏惠慶　朱培德　陳立夫
劉　哲　顧維鈞　陳布雷　程天放　孔祥熙

主　　席：戴傳賢

列　　席：李錦綸　樊　光　狄　膺　徐　謨　謝冠生

報告事項

蔣主席報告日本對於此次國聯決議堅不接受，已甚明顯，以後情勢實較未決議前更為嚴重，自國聯決議案經行政院會員國除日本外，全體一致通過。日本態度非退即進，自日本對華傳統政策上看退步必所不甘，自非更進一步不可。以後情形如何變化，正難逆料，本庄宣言所謂頭可斷，兵不可撤，非故作悲壯，其居心確實如此。吾人處此情狀之下，單獨對付既有許多顧慮，而一方在國際上已得到一致同情，以後自應信任國聯始終與之合作，而為國聯本身設想，倘此事無法解決，以後世界和平一無保證，國聯即可不必存在。對外宣言中應將此層意思明白表示。

討論事項

（一）施代表電告下次行政院會議在巴黎或在日內瓦未定能設法在日內瓦更好

議決：電復關於開會地點可任其他各國商定，我方不必表示意見。

（二）施代表電請從寬發落牛蘭

議決：存。

（三）外交部擬對外宣言稿

議決：推戴、宋、于、邵元冲、孔、顏、顧、朱等八委員，會商修正加入下列意思：（1）尊重本月廿四日國聯行政院決議。（2）決議如失敗即是國際信義破產、國際和平破裂。（3）引用華府會議以來各種國際公約，尊重國家主權獨立、領土完整及保障和平，維持門戶開放機會均等之約言。（4）日人在東省擾亂事實。（5）關於條約問題已由施代表建議仲裁辦法（6）引用總理對中日關係之遺訓，表示我國固有方針。

（四）顧委員擬復大阪朝日新聞社社長談話稿

議決：補充通過。

（五）蔣公使電告若槻等談話

議決：詳細電告政府所持對日方針。

中央政治會議特種外交委員會第二十六次會議紀錄

日　　期：二十年十月三十日　上午七時至九時

地　　點：中央黨部

出席委員：戴傳賢　顏惠慶　顧維鈞　劉　哲　于右任
　　　　　邵元冲　丁惟汾　朱兆莘　孔祥熙　陳布雷

主　　席：戴傳賢

列　　席：李錦綸　樊　光　狄　膺　徐　謨　謝冠生

報告事項

徐司長報告施代表所擬答復日本宣言

中央政治會議特種外交委員會第二十七次會議紀錄

日　　期：二十年十月三十一日　上午十一時至下午一時

地　　點：中央黨部

出席委員：戴傳賢　丁惟汾　程天放　朱兆莘　于右任
　　　　　顏惠慶　熊式輝　宋子文　陳紹寬　孔祥熙

主　　席：戴傳賢

列　　席：李錦綸　樊　光　狄　膺　徐　謨　謝冠生

討論事項

施代表所擬答復日本宣言稿

議決：修正通過。

中央政治會議特種外交委員會第二十八次會議紀錄

日　　期：二十年十一月二日　上午十一時至下午三時

地　　點：中央黨部

出席委員：戴傳賢　顏惠慶　朱兆莘　孔祥熙　丁惟汾

主　　席：戴傳賢

列　　席：李錦綸　徐　謨　謝冠生

討論事項

（一）美國外交次長凱塞爾發表意見謂美國依照條約不能不擔保中國領土之完整不贊成日本佔領東省

議決：由李代部長口頭詢問美國代表，美政府將以何種方法擔保中國領土之完整。

（二）總司令部函告接收委員會委員名單

議決：（1）應請政府明令發表，定名為接收東北各地事宜委員會。（2）電知施代表轉告國聯秘書長。（3）電知蔣公使轉告日政府，同時告知日使重光。（4）由外交部起草委員會組織規程。

（三）蔣公使電告日政府覆照（答復要求派員商議撤兵接收辦法）

議決：（1）再去照會請其注意九月三十日之國聯決議。（2）將來往照會原文電知施代表。（3）催各中立國派員。（4）由施代表親赴巴黎，與白里安切實接洽促成日本之接受決議。

（四）外交部擬接收辦法要點草案

議決：應請張副司令交接收委員會商定後，再電知施代表轉告國聯秘書處。

中央政治會議特種外交委員會第二十九次會議紀錄

日　　期：二十年十一月三日　上午七時至十時

地　　點：中央黨部

出席委員：戴傳賢　顏惠慶　熊式輝　邵元冲　朱兆莘　陳紹寬　程天放

主　　席：戴傳賢

列　　席：李錦綸　樊　光　狄　膺　徐　謨　謝冠生

討論事項

（一）擬復日本照會稿再請速派代表與本國所派人員商訂撤兵及接收細目

議決：修正通過。

（二）接收東北各地事宜委員會組織規程草案

議決：修正通過。

中央政治會議特種外交委員會第三十次會議紀錄

日　　期：二十年十一月四日　上午七時至十時

地　　點：中央黨部

出席委員：戴傳賢　顏惠慶　朱兆莘　賀耀組　程天放
　　　　　邵元冲　丁惟汾　陳布雷

主　　席：戴傳賢

列　　席：李錦綸　樊　光　狄　膺　徐　謨　謝冠生

討論事項

（一）施代表電告在日內瓦任務重要未克分身赴法

議決：改請王次長前往。

（二）施代表電告擬對日本答復非戰公約簽字國牒文發表意見

議決：照發，並盼電寄日本覆牒原文。

中央政治會議特種外交委員會第三十一次會議紀錄

日　　期：二十年十一月五日　上午七時至十一時

地　　點：中央黨部

出席委員：戴傳賢　賀耀組　邵元冲　丁惟汾　朱兆莘
　　　　　熊式輝　陳布雷　于右任

主　　席：戴傳賢

列　　席：李錦綸　樊　光　徐　謨　謝冠生

討論事項

（一）蔣公使電告自白里安答復芳澤宣言發出後日本朝野頗滋憂慮現內閣恐難支持有由齋藤實改組超然內閣以圖轉圜說

議決：電復請再詳細探告。

（二）張副司令電告對於接收委員會組織規程草案意見

議決：參酌修正，並電復說明要旨。

中央政治會議特種外交委員會第三十二次會議紀錄

日　　期：二十年十一月六日　上午七時至十時

地　　點：中央黨部

出席委員：戴傳賢　朱兆莘　于右任　邵元冲　丁惟汾
　　　　　賀耀組　陳紹寬　陳布雷

主　　席：戴傳賢

列　　席：李錦綸　樊　光　徐　謨　謝冠生

報告事項

（一）蔣公使電告日外務省答復我國九月二十日及廿四日前後三次緊急抗議照會

（二）張副司令電告日軍積極進攻黑龍江情形

討論事項

（一）擬將日本最近政情電知施代表密告國聯

議決：根據蔣公使五日來電所告，日本擬改組內閣以圖轉圜情形，轉電施代表及重要各國駐使，並說明日本軍閥專橫政府無法制止，如國際對日空氣繼續強硬，可望和平，否則事變即有擴大之虞。

（二）擬對外發表之接收辦法

議決：修正通過。

中央政治會議特種外交委員會第三十三次會議紀錄

日　　期：二十年十一月六日　下午七時至九時

地　　點：外交部

出席委員：戴傳賢　丁惟汾　朱兆莘　陳紹寬　熊式輝　于右任　陳布雷　邵元冲

主　　席：戴傳賢

列　　席：李錦綸　樊　光　徐　謨　謝冠生

報告事項

陳委員紹寬報告連日有日艦多艘開往長江上游目的地似為漢口該處形勢日益嚴重

討論事項

宋委員上海來電提議速電施代表轉請白里安迅速設法處理日軍積極進攻黑龍江事件如白氏主張召集行政院緊急會議可歡迎召集並探詢白氏意見是否將依盟約第十五條辦理

議決：照發，惟如果引用第十五條，在決定前應先電告。

中央政治會議特種外交委員會第三十四次會議紀錄

日　　期：二十年十一月七日　上午十一時至下午一時
地　　點：中央黨部
出席委員：戴傳賢　朱兆莘　邵元冲　程天放　丁惟汾
　　　　　于右任
主　　席：戴傳賢
列　　席：李錦綸　樊　光　徐　謨　狄　膺　謝冠生

報告事項

戴委員長報告昨晚致施代表電大意已告知主席甚以為然主席意思如須提盟約第十五條應先得白里安同意如能由白氏提起更好因如此較有把握也

討論事項

國聯秘書長轉達白里安來電表示行政院及一般輿論對黑龍江事件之憂慮希望中日政府注意兩方代表在國聯所作之保證從速訓令各本國軍隊設法避免衝突

議決：用李代部長名義立刻電復，由施代表轉聲明中國始終遵守約言。

中央政治會議特種外交委員會第三十五次會議紀錄

日　　期：二十年十一月九日　下午五時至七時

地　　點：外交部

出席委員：于右任　陳紹寬　朱兆莘　朱培德　吳鐵城
　　　　　孔祥熙　賀耀組　邵元冲　陳布雷　程天放

主　　席：于右任

列　　席：李錦綸　狄　膺　徐　謨　謝冠生

討論事項

張副司令電告日人在黑龍江方面壓迫馬占山主席情形

議決：（一）綜述數日來日人在東省種種暴行（包括嫩江事件），向日方提出抗議。（二）電請張副司令轉令馬代主席，堅守防地，盡力自衛。（三）將經過情形作系統之敘述用談話方式發表。

中央政治會議特種外交委員會第三十六次會議紀錄

日　　期：二十年十一月十日　下午四時至七時

地　　點：中央黨部

出席委員：戴傳賢　于右任　邵力子　朱兆莘　丁惟汾
　　　　　吳鐵城　劉文島　賀耀組　孔祥熙　楊樹莊
　　　　　程天放　邵元冲　陳紹寬

主　　席：戴傳賢

列　　席：李錦綸　狄　膺　徐　謨　謝冠生

報告事項

劉委員文島陳委員紹寬先後報告漢口附近日本軍艦行動情形

討論事項

擬致日本照會稿抗議黑龍江事件

議決：修正通過，分送蔣公使轉日政府及日使重光。

中央政治會議特種外交委員會第三十七次會議紀錄

日　　期：二十年十一月十一日　下午四時至六時

地　　點：中央黨部

出席委員：丁惟汾　朱兆莘　邵元冲　邵力子　熊式輝
　　　　　于右任　陳紹寬　賀耀組　吳鐵城　孔祥熙
　　　　　顧維鈞　朱培德

主　　席：于右任

列　　席：李錦綸　狄　膺　徐　謨　謝冠生

報告事項

陳委員紹寬報告長江一帶日軍艦行動

討論事項

吉林特派員鍾毓報告熙洽派謝介石為交涉員到哈應如何處置

議決：由外交部對外聲明，一切假借名義非法行動政府概不承認。

中央政治會議特種外交委員會第三十八次會議紀錄

日　　期：二十年十一月十二日　下午四時至六時

地　　點：中央黨部

出席委員：戴傳賢　于右任　邵力子　孔祥熙　楊樹莊
　　　　　邵元冲　朱兆莘　熊式輝　程天放

主　　席：戴傳賢

列　　席：李錦綸　徐　謨　狄　膺　謝冠生

討論事項

（一）天津王主席張市長電告天津事件解決辦法詳細條款

議決：電復觀所擬條款，日方態度與起事時迥然不同，似欲借此卸責掩飾國際耳目，望勿中其奸計。

（二）擬復白里安電稿

議決：修正通過。

中央政治會議特種外交委員會第三十九次會議紀錄

日　　期：二十年十一月十三日　下午四時

地　　點：中央黨部

出席委員：戴傳賢　丁惟汾　朱兆莘　陳布雷　于右任
　　　　　邵力子　賀耀組　孔祥熙　顧維鈞　陳紹寬

主　　席：戴傳賢

列　　席：李錦綸　樊　光　狄　膺　徐　謨　謝冠生

報告事項

戴委員長報告本日主席約英美法三國公使茶話情形

討論事項

復日本要求天津中國軍警撤退二十里照會稿授權戴委員長顧委員核定

中央政治會議特種外交委員會第四十次會議紀錄

日　　期：二十年十一月十四日　下午四時

地　　點：中央黨部

出席委員：于右任　邵元冲　丁惟汾　顧維鈞　劉　哲
朱兆莘　羅文榦　朱培德　楊樹莊　吳鐵城
孔祥熙

主　　席：于右任

列　　席：李錦綸　樊　光　徐　謨

報告事項

徐司長報告本日收到日本公使重光照會及節略之內容

討論事項

致日本公使關於天津事件照會稿修正通過

中央政治會議特種外交委員會第四十一次會議紀錄

日　　期：二十年十一月十六日　下午四時

地　　點：中央黨部

出席委員：宋子文　于右任　羅文幹　陳紹寬　劉　哲
楊樹莊　顧維鈞　朱兆莘　朱培德　邵元冲
丁惟汾　孔祥熙

主　　席：宋子文

列　　席：李錦綸　樊　光　徐　謨　狄　膺

報告事項

（1）施代表來電請示會外與人談話之範圍

（2）施代表在巴黎與道斯會談情形

（3）李代部長與美使詹森會談情形

（4）蔣公使呈報日本外務省對於嫩江橋事件抗議照會復文

（5）日軍猛攻三間房情形及林義修聲稱定欲佔領黑龍江省城

（6）駐美嚴代辦由非正式探悉日美往來照會大意

（7）顧委員報告謂頃由某使館館員聲稱俄方對於中俄會議擬與東北新行政機關交涉。

（8）邵委員元冲報告審查中美公斷條約經過情形。

討論事項

（1）關於黑省情形日本復照

決議：我方再去照駁復。

（2）復英公使關於天津事件照會

決議：由外交部照復。

（3）溥儀復辟事對外發表否認宣言稿

決議：修正通過，交外交部發表。

（4）決議中美公斷條約暫緩批准

中央政治會議特種外交委員會第四十二次會議紀錄

日　　期：二十年十一月十七日　上午十時至十二時半止

地　　點：中央大學

出席委員：戴傳賢　丁惟汾　熊式輝　朱培德　邵力子
邵元冲　賀耀組　顧維鈞　羅文榦　朱兆莘
劉　哲　孔祥熙　陳紹寬　宋子文　吳鐵城
楊樹莊　陳布雷　程天放　于右任

主　　席：戴傳賢

列　　席：李錦綸　樊　光　狄　膺　徐　謨　謝冠生

報告事項

（1）施代表與美聯社記者談話情形

（2）芳澤與日記者之談話

（3）白里安在開會時之報告

（4）國聯行政院大會後開一非正式會議及白里安在該會中之主張

（5）陳委員布雷報告日人謠傳中國政府於十五晚開外交會決議與日直接交涉說

（6）王樹常來電報告天津維持治安情形

討論事項

決議：本委員會暫設左列二組。

（1）總務組：掌理文書得隨時應付緊急事件。

推定戴傳賢、宋子文、于右任、丁惟汾、顧維鈞、李錦綸、朱兆莘、孔祥熙、樊光、徐謨為總務組委員，由戴、宋負責。

（2）宣傳組：加緊對外宣傳工作。

推定陳布雷、羅文榦、程天放、邵力子、邵元冲、朱兆莘為宣傳組委員，由陳布雷、羅文榦負責加請外交部參事張歆海襄助。

（3）治安組：研究一切軍事及各地防禦工作。

推定朱培德、陳紹寬、何應欽、楊樹莊、熊式輝、賀耀組、吳鐵城、劉哲為治安組委員，由朱培德、陳紹寬負責。

中央政治會議特種外交委員會第四十三次會議紀錄

日　　期：二十年十一月十八日　上午七時至九時

地　　點：中央大學

出席委員：戴傳賢　宋子文　于右任　朱培德　朱兆莘　楊樹莊　熊式輝　羅文榦　賀耀組　邵元冲　顧維鈞　陳紹寬　吳鐵城　丁惟汾　劉　哲　邵力子　陳布雷　孔祥熙

主　　席：戴傳賢

列　　席：李錦綸　樊　光　徐　謨　狄　膺

報告事項

（1） 施代表及路透社來電關於國聯行政院開會狀況
（2） 日政府致行政院四牒之內容
（3） 本庄向馬占山無理要求三項條件業經據理嚴詞拒絕

討論事項

（1） 關於日本致行政院第一牒文事應將我方所得日人接濟土匪槍枝編一統計報告以證明該項土匪之來源全係日人嗾使

決議：交外交部編集。

（2） 關於施代表請示應付方針

決議：由總務組擬就辦法商承蔣主席後電令施代表照辦。

（3） 關於本庄要求三條件事致日政府抗議文

決議：原稿通過。

中央政治會議特種外交委員會第四十四次會議紀錄

日　　期：二十年十一月十九日　上午七時
地　　點：中央大學
出席委員：戴傳賢　朱兆莘　于右任　羅文幹　劉　哲　邵元冲　丁惟汾　孔祥熙　熊式輝　顧維鈞　陳紹寬　朱培德　陳布雷　賀耀組　邵力子　程天放
主　　席：戴傳賢
列　　席：李錦綸　樊　光　徐　謨　謝冠生　狄　膺

報告事項

（1）施代表致道斯備忘錄

（2）日外省致蔣公使照會及重光致外交部照會

（3）日軍於昨日下午一時佔領昂昂溪正向齊齊哈爾進發

（4）芳澤供白里安條約上之報告

（5）道斯呈美政府將提公平解決方法

（6）上海學生將罷課示威

（7）陳委員紹寬報告在華日艦調防情形

討論事項

（1）決議今後宣傳應注意下列各點

（一）應對駐華各使領特加注意

（二）應擁護蔣主席所發表言論

（三）應利用各種公文書

（四）請顧委員維鈞朱委員兆莘以個人名義多做宣傳工作

（五）應有專門人員研究條約上及鐵路問題上對外宣傳文字

（六）駁正日方違反事實之宣傳

（2）孔委員提議訓令施代表提出贖路問題求根本解決若日本拒絕要求則兩方曲直更為顯然我國當更易得世界之同情

決議：所論極是，應再從長計議。

（3）決議關於天津事件日本昨日來照應再予駁復

（4）決議邀請鐵道部部長連聲海列席本委員會會議

中央政治會議特種外交委員會第四十五次會議紀錄

日　　期：二十年十一月二十日　上午七時
地　　點：中央黨部
出席委員：戴傳賢　顧維鈞　陳紹寬　羅文幹　朱兆莘
　　　　　劉　哲　于右任　孔祥熙　楊樹莊　邵元冲
　　　　　陳布雷　丁惟汾　吳鐵城　邵力子　程天放
主　　席：戴傳賢
列　　席：李錦綸　樊　光　徐　謨

報告事項

（1）戴委員長報告中國國民黨第四次全國代表大會已組織一對日問題研究專門委員會擬向大會提一議案發表宣言其大意（一）對國府過去行動認為滿意（二）目前對日問題仍希國聯會員國非戰公約簽字國暨九國條約簽字國等予以努力解決（三）大會授權國府倘今後時勢緊逼國府為保守疆土計得便宜行事等云云

（2）顧委員報告日昨與法使韋爾敦會談詳情並提請今後凡發對外宣言對於國聯等應予以有力之刺激勿使太偏日方

（3）朱委員兆莘報告日昨與德使陶德曼會談情形（九時二十五分戴委員長因事退席暫請于委員主席）

（4）駐美嚴代辦與史汀生談九國協約事及與東方股長項裴克談話大意

（5）巴黎傳說國聯將派代表往東省調查

（6） 白里安將提盟約第十五條十六條之解釋及制裁方法

（7） 施代表致備忘錄於西門及馬達理加

（8） 施代表在十八日下午行政院會議席上解釋中國始終尊重條約惟日方破壞三項條約及上二次決議案

（9） 巴黎因芳澤論調謊誕故空氣大為一變

討論事項

（1） 決議

（甲）嚴代辦向史汀生說明中國希望美國對九國協約之注意

（乙）電催顏使即速赴任

（2） 決議電請施代表注意民四條約（二十一條）有不便提付公斷之理由應在行政院相機聲明由顧羅二委員起稿

（3） 決議答復日本照會文由外交部整理

（4） 決議對於日軍侵入黑省腹地應速抗議由外交部起稿

中央政治會議特種外交委員會第四十六次會議紀錄

日　　期：二十年十一月二十一日　上午七時

地　　點：中央黨部

出席委員：戴傳賢　于右任　顧維鈞　陳布雷　劉　哲
羅文榦　陳紹寬　邵元冲　丁惟汾　朱兆莘
邵力子　朱培德　楊樹莊　孔祥熙　賀耀組
程天放

主　　席：戴傳賢

列　　席：李錦綸　樊　光　徐　謨

報告事項

（一）羅委員報告日昨與美使之談話

（二）張副司令電告與日軍戰況

（三）蔣公使電告日軍對於東北之計劃並決定進攻克山滿洲里熱河等處

（四）天津華軍在三百米突以內之防禦工作業已撤除

（五）施代表電告四全大會宣言特拉蒙廣為宣傳

（六）施代表與白里安談話情形擬提出計劃四點

討論事項

（一）孔委員祥熙所草致嚴代辦史汀生注意九國協約稿

決議通過

（二）決議速電施代表暫緩提出四點計劃

（三）外交部整理答復日本照會稿

決議照稿通過

中央政治會議特種外交委員會第四十七次會議紀錄

日　　期：二十年十一月二十二日　上午八時

地　　點：中央大學

出席委員：蔣中正　戴傳賢　于右任　宋子文　顧維鈞
劉　哲　丁惟汾　陳紹寬　賀耀組　楊樹莊
邵元冲　吳敬恆　孔祥熙　邵力子　朱培德
吳鐵城　熊式輝　朱兆莘　程天放

主　　席：戴傳賢

列　　席：李錦綸　樊　光　徐　謨

報告事項

（1）路透社巴黎消息昨日下午行政院開會芳澤提議派遣調查委員赴滿祇有中立性質並無實際任務除施反對外幾一致贊同白將此案提交下星期一付正式表決施力主實行撤兵乃係最良辦法

（2）聯合社東京消息日政府訓令芳澤決議案若有左列三項條件始可接受

（一）調委會並不祇限東省係包括中國全部且須調查中國反日行動及不履行條約義務

（二）調委會祇有建議權而無論斷權

（三）調委會不得預問中日直接交涉

（3）顧委員昨訪詹森謂施對調委會事不滿及我方之主張詹謂史汀生頗願解決此事然對國聯辦法不表贊同蓋最好須以公開形式始得解決之途徑云云

（4）徐司長報告施代表昨來電報告白里安主張派遣調

查委員事總務組當即先發一電與施代表告以此案不能接受又草就一稿大意謂日方破壞盟約第十條十二條十三條而得引用第十六條訴請國聯制裁並提議辦法七條此稿今日通過後即可電施提向國聯

討論事項

決議

一、前文內加提第十五條

二、前文末段但書修改應具下開大意

（甲）說明信任國聯

（乙）六十餘日以來之忍耐

（丙）吾方委曲求全提最低限度方案

（丁）但不得已時仍須引用第十六條

三、辦法七條修正後令施代表斟酌提出

四、吾方應堅決要求兩星期內撤軍並提議召集國際會議

五、行政院如無其他辦法芳澤提案決定拒絕

六、修正文由總務組負責辦理

中央政治會議特種外交委員會第四十八次會議紀錄

日　　期：二十年十一月二十三日　上午七時

地　　點：中央大學

出席委員：戴傳賢　于右任　丁惟汾　陳紹寬　邵力子
朱培德　孔祥熙　楊樹莊　朱兆莘　劉　哲
熊式輝　陳布雷　顧維鈞　賀耀組　邵元冲
程天放

主　　席：戴傳賢

列　　席：李錦綸　樊　光　徐　謨

報告事項

（一）報告

（甲）昨議前文但書一段修正文

（乙）辦法七條修正文

（丙）訓令內容

（二）顧委員昨晤美使詹森告以我方之最近主張並悉

（甲）詹森認為吾方主張乃係整個的且亦最和平之辦法

（乙）詹謂美政府對國際調查團大約不致反對因以前鴉片會議亦由美國與國聯共同召集者也

（丙）錦州方面美使已電令北平美使館武隨員約同法使館武隨員前往錦州查看

討論事項

（一）決議辦法前文可發表大意

（二）決議擬復日本照會稿通過

中央政治會議特種外交委員會第四十九次會議紀錄

日　　期：二十年十一月廿四日　上午七時至十一時
地　　點：中央黨部
出席委員：戴傳賢　陳紹寬　朱兆莘　邵元冲　邵力子
　　　　　于右任　劉　哲　孔祥熙　顏惠慶　顧維鈞
　　　　　陳布雷　楊樹莊　程天放
主　　席：戴傳賢
列　　席：李錦綸　徐　謨　徐東藩　張歆海　謝冠生

報告事項

（一）戴委員長報告與吳委員鐵城書答復汪精衛伍梯雲鄒海濱三先生所提意見
（二）施代表電告國聯行政院決議草案

討論事項

（一）擬復日本照會稿（為日軍進佔黑龍江事件）
議決：修正通過。
（二）施代表請示應付國聯決議草案方針
議決：應堅決主張下列三原則：（一）嚴厲制止日軍之侵略行為。（二）在一定期間內撤兵。（三）在中立國人員監視下撤兵，並申明上次所提七條辦法須以此三原則為基本，如國聯不能接受其他一切皆談不到。

中央政治會議特種外交委員會第五十次會議紀錄

日　　期：二十年十一月廿五日　上午七時至十二時

地　　點：中央黨部

出席委員：戴傳賢　朱兆莘　孔祥熙　楊樹莊　于右任
邵元冲　賀耀組　劉　哲　顧維鈞　程天放
邵力子

主　　席：戴傳賢

列　　席：李錦綸　徐　謨　徐東藩　張歆海　謝冠生

報告事項

顧委員報告昨晚與美英法三國公使晤談情形

討論事項

（一）日本企圖進攻錦州事件

議決：（1）向日政府提出抗議。（2）通告國聯。（3）通告非戰公約簽字各國。（4）電知施代表日本進攻錦州目的在完成整個滿洲之佔領，並為進佔熱河之步驟。（5）請示主席。（6）說明本會議決定要點及利害電詢張副司令。

（二）關於錦州事件擬向日本抗議稿

議決：修正通過。

（三）施代表二次來電請示

議決：電復在昨日所定三原則之下可以便宜應付。

（四）議決電施代表對韋羅貝等二美顧問表示嘉慰之意

中央政治會議特種外交委員會第五十一次會議紀錄

日　　期：二十年十一月廿六日　上午七時半至十時半

地　　點：中央黨部

出席委員：戴傳賢　顧維鈞　朱兆莘　劉　哲　熊式輝
楊樹莊　孔祥熙　于右任　邵元冲　陳布雷
程天放

主　　席：戴傳賢

列　　席：徐　謨　徐東藩　張歆海　狄　膺　謝冠生

討論事項

關於國聯決議草案之修正案

決議：關於第一節撤兵之限期，由施代表斟酌情形決定，關於第二節，國聯亦應負採取有效方法制止情勢擴大之義務，關於第三節，應包括利用土匪，又訓令施代表如中國所提撤兵期限，及其他各點，均被拒絕時，我方應聲明保留，同時並聲明保留要求執行盟約第十六條制裁之權。

中央政治會議特種外交委員會第五十二次會議紀錄

日　　期：二十年十一月廿七日　下午三時至六時

地　　點：中央黨部

出席委員：戴傳賢　宋子文　邵元冲　于右任　熊式輝
羅文幹　朱兆莘　劉　哲　顧維鈞　何應欽
吳鐵城　楊樹莊　陳紹寬　孔祥熙　邵力子
賀耀組　程天放

主　　席：戴傳賢

列　　席：李錦綸　徐　謨　徐東藩　張歆海　狄　膺
謝冠生

報告事項

（一）戴委員長報告今晨向主席建議組織委員會專司指導民眾運動已蒙採納

（二）顧委員報告昨日晤見英藍使及美詹使談話情形曾懇切說明我方堅持限期撤兵之意思

（三）徐司長報告昨日連電施代表請堅持限期撤兵並告以實現上項目的之步驟

討論事項

（一）白里安來電勸告兩國軍隊切勿再行發生戰事

議決：交外交部擬復。

（二）戴委員長提議關於對外發表言論除完全依照中央所決定及本會所決定宣傳方針從事宣傳外希望各委員不以個人名義自由發表言論如所欲發表

之言論尚未知合於公意與否者請先報告中央或本會請求決定後然後發表

議決：通過。

中央政治會議特種外交委員會第五十三次會議紀錄

日　　期：二十年十一月廿八日　上午九時至十二時

地　　點：中央黨部

出席委員：戴傳賢　顧維鈞　劉　哲　朱兆莘　賀耀組　于右任　楊樹莊　邵力子　程天放　陳布雷　熊式輝　孔祥熙　吳敬恆　邵元冲

主　　席：戴傳賢

列　　席：李錦綸　徐　謨　徐東藩　張歆海　謝冠生

討論事項

擬致日使照會稿（抗議二十六日晚天津暴動事）

議決：語氣應更加嚴重交外交部修改。

中央政治會議特種外交委員會第五十四次會議紀錄

日　　期：二十年十一月三十日　上午七時

地　　點：中央黨部

出席委員：戴傳賢　陳紹寬　朱兆莘　劉　哲　顧維鈞　熊式輝　朱培德　楊樹莊　邵力子　吳鐵城　邵元冲

主　　席：戴傳賢

列　　席：李錦綸　徐　謨　徐東藩　張歆海　狄　膺　謝冠生

報告事項

（一）戴委員長宣讀本會對政治會議報告

（二）徐司長報告昨日下午會見日本領事上村談話情形

（三）顧委員報告日代辦矢野在北平訪問張副司令談話內容與上村所談大略相同窺日方用意無非欲（一）藉此為直接交涉之張本（至少可借此作宣傳把柄）（二）預先佔一地步如中國軍隊不退去錦州以後發生事故即可有所藉口昨晚會見法韋使渠之觀察亦復如此至於我方態度既已接受國聯提議對日領所談當然無庸置議

中央政治會議特種外交委員會第五十五次會議紀錄

日　　期：二十年十二月一日　上午八時至十時

地　　點：中央黨部

出席委員：戴傳賢　顧維鈞　陳紹寬　朱兆莘　劉　哲
　　　　　熊式輝　楊樹莊　陳布雷　程天放　邵力子

主　　席：戴傳賢

列　　席：李錦綸　徐　謨　徐東藩　張歆海　狄　膺
　　　　　謝冠生

報告事項

（一）顧委員報告昨日重光到部道賀並談及錦州中立區情形

（二）顧委員報告晤見韋禮德談撤兵問題情形（韋言白里安有新意見如委員團到達時撤兵尚未完成應儘速將時局狀態及中國保僑情形報告行政院並得附以適當之建議）

中央政治會議特種外交委員會第五十九次會議紀錄

日　　期：二十年十二月八日　上午八時

地　　點：中央黨部

出席委員：戴傳賢　宋子文　陳紹寬　朱兆莘　朱培德　賀耀組　于右任　吳鐵城　陳布雷　邵元冲　程天放　劉　哲

主　　席：戴傳賢

列　　席：徐東藩　張歆海　狄　膺　謝冠生

討論事項

（一）柏林梁代辦電告德國擬提前駐日大使梭爾夫為國際調查委員會事已向德外部表示反對

議決：應加反對。

（二）如何應付目前緊急情勢案

朱培德：錦州軍隊不應後退，固屬不成問題。惟據軍事專家推測，前方一經接觸，至多恐不過維持一星期左右。而關內隊伍無論從何方面計劃，皆無出關援助之可能。屆時一般民眾必然群起要求政府赴援，如對馬占山然，或逕請求主席躬親北方，此時政府又將奈何。為今之計，對付日本只有兩條路：第一條路即是與日本拼命，明知其必無倖勝，而不顧一切以赴之（現在國內有知識人即是如此鼓噪，其意無非使政府為難，以圖顛覆政府）。第二條路即是與日本商量辦法。此外實看不見

第三條路子。

戴：所言甚是。此事非僅外交問題，乃是整個國家生死問題。昨晚主席亦曾談到此種責任應與全國之人共同負擔。政府如走死路，即是國家同歸於盡。政府如走生路，亦非獨自偷生，乃是國家起死回生。

于：外交應有一定方針，把定方針而與之拼命，若枝枝節節而為之，未有不喫虧者。調查委員會辦法即是一種枝枝節節，最不痛快之事。我方何不單刀直入，逕提第十五條。至於國內方面，廣東態度即與國聯相彷，亦可說與日本相彷。總而言之，是一「拖」字。

戴：朱先生所言是一種決心，于先生所言是一種方法。國聯方面究竟應有辦法，否則此事之僵，責任即在國聯本身，到必要時，華盛頓會議或不能免。至國內方面一定要做到舉國一致，雖然有許多人不願一致，決不許彼等旁觀笑罵，逍遙事外。惟對學生，又應另外看待，看做教訓子弟一般，只能用口，不能用手。

朱培德：政府所定方針，欲求全國同情，事實上所不可能，但求取得多數諒解，少數人意見只得犧牲。

賀：關於東三省利害，列強中以美國關係為最深，我方對於美國方面似應多下功夫，若專靠國聯敷衍下去，難有圓滿結果。

戴：關於美國態度，前次報告政治會議時，曾經提及，目前雖毫無表示，至必要時，頗有根據九國條約向日本切實抵制之可能。

吳：在此緊要關頭，確實無再容吾人游移觀望之餘地。吾人應以國家利害為前提，決定方針，不應為一般不負責任之浮言所左右。可否於兩日內召集報界領袖提出和戰兩字，與國內各界切實加以研究。至學生方面既再三請願宣戰，何妨即將各大學改為軍營，即日由政府派軍官前往訓練，一切皆用軍法部署。

戴：個人見解應即預備五種方案如下：

（一）對國聯，由國民政府發表宣言或提案，陳述本案經過詳情，表示因國聯無辦法，使中國無辦法。

（二）對世界各國國民亦應發一宣言。

（三）於十日內召集一種會議，為政府與國民共謀國是（特別是外交）之第一步。（于先生主張召集國內大學外交討論會）

（四）於較遠之時期內（假定二、三個月內）召集更大之會議，謀國民意志之統一。

（五）提倡國民外交，由國民公推代表赴海外幫同政府代表辦理交涉。如此可以減少民間許多麻煩，進一步且可向日本朝野做宣傳工作，開一條外交新路。

（六）對廣東方面應發一沉痛之宣言。

（朱培德先生意思以為召集會議一節，應加考慮。（一）不管代表如何產生，必不能滿群眾之意。（二）人將以為本黨於平日握有政權，一旦有事，即要大家負責。（三）如此大事於此種會議中討論，非常危險。）

民國史料 11

近代中日關係史料彙編：
九一八事變的發生與中國的反應

Historical Documents on Modern Sino-Japanese Relations: The Mukden Incident and China's Response

編　　者　民國歷史文化學社編輯部
總 編 輯　陳新林、呂芳上
執行編輯　林育薇
美術編輯　溫心忻
排　　版　溫心忻、盤惠秦

出 版 者　開源書局出版有限公司
香港金鐘夏愨道 18 號海富中心
1 座 26 樓 06 室
TEL：+852-35860995

民國歷史文化學社
10646 台北市大安區羅斯福路三段
37 號 7 樓之 1
TEL：+886-2-2369-6912
FAX：+886-2-2369-6990

銷 售 處　源流成文化股份有限公司
10646 台北市大安區羅斯福路三段
37 號 7 樓之 1
TEL：+886-2-2369-6912
FAX：+886-2-2369-6990

初版一刷　2019 年 11 月 30 日
定　　價　新台幣 350 元
港　幣　90 元
美　元　13 元
I S B N　978-988-8637-35-5
印　　刷　長達印刷有限公司
台北市西園路二段 50 巷 4 弄 21 號
TEL：+886-2-2304-0488